Religion im Dialog

Klasse 5/6

von
Susanne Bürig-Heinze
Rainer Goltz
Christiane Rösener
Beate Wenzel

unter Mitarbeit von Jan Bartels und Sebastian Hennig

und katholischer, jüdischer und muslimischer Beratung von
Christina Kalloch, Eduard Steinberg und Selçuk Doğruer

Vandenhoeck & Ruprecht

Bibliografische Information der Deutschen Nationalbibliothek:
Die Deutsche Nationalbibliothek verzeichnet diese Publikation in der
Deutschen Nationalbibliografie; detaillierte bibliografische Daten sind
im Internet über http://dnb.de abrufbar.

© 2018, Vandenhoeck & Ruprecht GmbH & Co. KG, Theaterstraße 13, D-37073 Göttingen
Alle Rechte vorbehalten. Das Werk und seine Teile sind urheberrechtlich
geschützt. Jede Verwertung in anderen als den gesetzlich zugelassenen Fällen
bedarf der vorherigen schriftlichen Einwilligung des Verlages.

Umschlagabbildung: Wilhelm Buschulte, Glasfenster zur Verkündigung © VG Bild-Kunst, Bonn 2017

Satz: SchwabScantechnik, Göttingen
Druck und Bindung: Beltz Grafische Betriebe GmbH, Bad Langensalza
Printed in the EU

Vandenhoeck & Ruprecht Verlage | www.vandenhoeck-ruprecht-verlage.com
E-Mail: info@v-r.de

ISBN 978-3-525-70251-2

INHALT

Vorwort 8

① Der Mensch und seine Religion
Was können wir, was Tiere nicht können? 10
Der Mensch – ein religiöses Wesen 11
Dürfen Mädchen anders sein, als man es von ihnen erwartet? ... 12
Dürfen Jungen anders sein, als man es von ihnen erwartet? 12
Bin ich eigentlich immer gleich? 14
Selbstbild – Fremdbild 15
Wer kennt mich eigentlich am besten? 16
Wie gut kennt mich eigentlich Gott? 17
Was ist, wenn ich Fehler mache? 18
Was Luther über Fehler herausgefunden hat 19
Warum beten Menschen? 20
Wie wirkt sich deine Religion auf dein Verhalten aus? 22
Was zeichnet eine religiöse Gemeinschaft aus? 24
Sehen religiöse Menschen die Welt anders? 26
Religion macht glücklich und stressresistenter 27

② Menschen erzählen von ihren Erfahrungen mit Gott
Lesen ist Reisen im Kopf 28
Abraham: Ein Leben im Vertrauen auf Gott 30
Abraham: Stammvater von Juden, Christen und Muslimen 36
Die Bibel ist nicht einfach vom Himmel gefallen 38
Ein Buch mit vielen Büchern 40
Die Bibel gibt es in über 600 verschiedenen Sprachen 41
Welche Bedeutung haben die Heiligen Schriften der
Juden, Christen und Muslime? 43

③ Der Mensch und die Schöpfung
»Wir Menschen sind Entdecker« 46
Wie ist die Welt entstanden? Erzählungen verschiedener Religionen 48
Wie erklärt sich die naturwissenschaftliche Forschung
die Entstehung von Welt und Mensch? 52
»... und Gott schuf den Menschen zu seinem Bilde« 54
»Macht euch die Erde untertan!« 55
Kleine Idee mit großer Wirkung 56

Inhalt

4 Sich einsetzen für Frieden und Gerechtigkeit
Wie sollen die Menschen leben? 58
Missstände benennen 59
Prophet sein – Was heißt das? 60
Amos muss reden – Handeln aus dem Glauben 63
Wie können wir heute helfen? 64
Diakonie in Niedersachsen stellt Sprach-App für Flüchtlinge vor 64
Rupert Neudeck: Alle Menschen sind gleich 65
Malala Yousafzai: Alle Kinder haben ein Recht auf Bildung 66
Janusz Korczak: Wie man ein Kind lieben soll 68
Die Geschichte einer Flucht 70
Allein in der Fremde 71
Angst 72
Rückblick auf die Jahre der Flucht 74
Bildung – ein Grundrecht des Menschen 75
Prophetisches Handeln!? 76
Der Prophet 77

5 Wer war eigentlich Jesus?
Eine Spurensuche im Alltag 78
Was wissen wir über Jesus? 80
Ist Jesus zur Schule gegangen? 82
Ein Leben unter der Herrschaft der Römer 84
Eine andere Welt ist möglich 86
Hatte Jesus Freunde? 88
Konnte Jesus zaubern? 90
Jesus nimmt frei 92
War Jesus ein Mensch oder ein Gott? 94
Was bedeutet Jesus für dich? 96

6 Gott und der Mensch
Wer oder was ist eigentlich Gott? 98
Wie kann man sich Gott vorstellen? 100
Welche Vorstellungen hatte man früher von Gott oder Göttern? 102
Wie zeigt sich Gott den Menschen? 104
Wie kann Gott dem Menschen Kraft geben? 106
Wovon befreit uns Gott? 108
Warum klagen Menschen Gott an? 110
Wovon erlöst uns Gott? 112

⑦ Was ist mir heilig?

- Was ist dir heilig? 114
- Was mir an meiner Religion heilig ist 116
- Heilige Orte 118
- Erfahrung des Heiligen? 120
- Evangelische Kirchen – katholische Kirchen 122
- Synagoge und Moschee 124
- Keine Fest-Zeiten ohne Rituale 126
- Weihnachten im Judentum und im Islam? 127
- Die Feste der monotheistischen Religionen 128
- Allerheiligen – Können Menschen heilig sein? 130
- Übergänge 132

⑧ Wie sähe eine perfekte Welt aus?

- Ideen 136
- Auf welche Zukunft hoffen Christen? 138
- Müssen wir Angst vor der Zukunft haben? 140
- Wie können kleine Dinge Großes bewirken? 142
- Wer ist mein Nächster? 144
- Was können wir tun? 146
- Wir planen ein Projekt 147
- Planungsbogen 147

Methoden 148

Quellen 153

VORWORT

Liebe Schülerinnen und Schüler,

alles ist neu in diesen Tagen für euch: das Schulgebäude, die vielen unterschiedlichen Fächer, der Schulhof, die Mensa. Ihr seid in dieser Schule mit vielen Menschen zusammen, die ihr vorher noch nicht kanntet. So ist das auch im Religionsunterricht. Auch hier trefft ihr viele neue Menschen. Zunächst einmal natürlich eure Mitschülerinnen und Mitschüler, euren Lehrer oder eure Lehrerin. Guckt euch einmal um, wie viele und wie verschieden ihr seid. Vielleicht habt ihr in der Klasse nicht nur evangelische und katholische Schülerinnen und Schüler, sondern auch orthodoxe, jüdische, muslimische, hinduistische und welche, die zu keiner Religion gehören. Fragt einmal nach! Gemeinsam könnt ihr im Unterricht über Religion nachdenken und über eure Erfahrungen und Fragen austauschen. Ihr werdet sehen, wo ihr euch unterscheidet und wo euch vielleicht dennoch etwas verbindet. Das kann man besonders gut herauskriegen, wenn man miteinander spricht. »Religion im Dialog« – so heißt deswegen euer neues Religionsbuch.

Ihr werdet durch dieses Buch nicht nur miteinander, sondern auch mit vielen Kindern, Jugendlichen und Erwachsenen ins Gespräch kommen können, die ihr nicht direkt im Klassenraum trefft. So könnt ihr zum Beispiel mit dem zehnjährigen Enaiat, der aus Afghanistan geflohen ist, und mit dem Astronauten Alexander Gerst auf Reisen gehen. Ihr werdet Hicks, dem Sohn des Wikingerhäuptlings Haudrauf, begegnen und dem Hobbit Bilbo Beutlin. Ihr trefft die Jüdin Sophie, die Buddhistin Myriam und den Mönch Martin Luther. Ihr begegnet Abraham und Sara in der Wüste und Daniel in der Löwengrube. Ihr werdet Geschichten hören, die Jesus erzählt, und mit Melanie ins Gespräch kommen, die Jesus gar nicht so wichtig findet. Und ihr werdet von dem mutigen muslimischen Mädchen Malala und dem ebenso mutigen jüdischen Arzt Janusz Korczak lesen. Ihr werdet ägyptischen Gottheiten begegnen und Elija, der Gott gesucht und ihn dort gefunden hat, wo er ihn am wenigsten vermutete.

Im Dialog sprechen zwei oder mehr Menschen miteinander. Sie können verschieden aussehen, in verschiedene Kirchen oder in keine gehen, unterschiedlichen Religionen angehören, verschiedene Fragen haben oder unterschiedlich alt sein. Wenn sie sich voneinander erzählen und sich zuhören, können sie sich besser verstehen und vielleicht gemeinsam etwas tun. So könnt ihr das auch auf dem Titelbild eures neuen Buches sehen. Dort begegnen sich zwei. Sind das eigentlich Männer, Frauen, Kinder, Engel oder Geister? Warum ist einer blau und einer weiß? Sitzen oder fliegen sie? Wo begegnen sie sich? Ihr könnt euch darüber austauschen. Was auf jeden Fall klar ist: Sie sind verschieden. Sie sehen sich an. Sie hören sich zu. Und in der Mitte zwischen beiden schwebt eine Blume.

Dass solche Begegnungen auch bei euch im Religionsunterricht stattfinden, das wünschen wir euch!

Eure Herausgeber

Wie ihr euch in diesem Buch zurechtfindet

Einige Zeichen und Symbole sollen euch helfen, dass ihr euch in eurem neuen Buch besser zurechtfindet.

> **Infobox:**
>
> Manchmal könnt ihr einen Text oder ein Bild nur verstehen, wenn ihr ein paar Hintergrundinformationen habt. Diese Informationen und Erklärungen findet ihr in einer grünen Infobox auf der Seite.

1 DER MENSCH UND SEINE RELIGION

In welchem Kapitel ihr gerade seid, zeigt euch die Zeile ganz oben rechts bzw. links auf der Seite an. Hier findet ihr die Kapitelnummer und den Namen des Kapitels.

Es gibt in diesem Buch einige Texte aus der Bibel. Damit ihr die sofort erkennt, seht ihr diese kleine Bibel am Rand neben den Texten.

Wenn ihr ein Zahnrad neben der Aufgabe findet, zeigt euch das an, dass hier eine bestimmte Methode angewendet werden soll. Vielleicht kennt ihr einige Methoden schon. Wenn ihr eine noch nicht kennt, könnt ihr sie im Methodenteil auf Seite 148–152 nachschlagen.

Auf vielen Seiten gibt es mehrere Aufgaben. Wenn ihr diese Glühbirnen am Rand seht, von denen eine herausgepickt wird, dann wisst ihr, dass ihr an dieser Stelle nicht alle Aufgaben machen müsst. Hier könnt ihr euch die Aufgabe heraussuchen, die euch am besten gefällt.

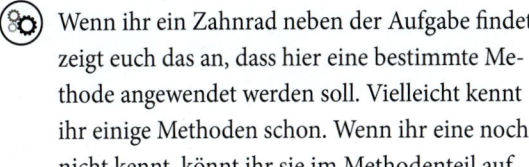

Hier findet ihr Hinweise auf andere Seiten des Buches zu demselben Thema.

Jedes der acht Kapitel dieses Buches hat ein anderes Thema. Aber es gibt auch viele Zusammenhänge zwischen den Kapiteln. Darauf weisen euch die Spinnennetze am Rand hin. Hier findet ihr Hinweise auf andere Seiten des Buches zu demselben Thema oder Aufgaben, die euch auf diese Verbindungen aufmerksam machen. Auf diese Weise könnt ihr euch erinnern, was ihr schon gelernt habt, und verstehen, wie die Themen zusammenhängen.

Zum Weiterdenken!
Wenn ihr noch Zeit habt und die Fragen spannend findet, dann könnt ihr diese Aufgaben bearbeiten.

Einige Aufgaben gibt es, die sich nicht auf die Texte und Bilder dieses Buches beziehen, aber trotzdem zum Thema gehören. Diese Aufgaben sind als gelber Zettel auf die Seiten geheftet. Sie sind zum Weiterdenken.

1 DER MENSCH UND SEINE RELIGION

Was können wir, was Tiere nicht können?

> Psst. Ich kann was, was du nicht kannst …

> Der Mensch kann über sich selbst nachdenken. Er stellt sich die Frage: »Wie bin ich eigentlich?«

> Nur der Mensch hat Vernunft.

> Der Mensch ist wie alle Lebewesen von Gott geschaffen, aber er hat eine besondere Beziehung zu Gott.

> Der Mensch ist ein fantasievolles Wesen. Er kann sich fremde Welten vorstellen, die er nie zuvor gesehen hat.

> Der Mensch stellt sich »große Fragen« wie die Frage nach dem Sinn des Lebens oder was nach dem Tod passiert.

Aufgabe

Benenne Dinge, die der Mensch kann, die ein Hund nicht kann.

Der Mensch und seine Religion 1

Der Mensch – ein religiöses Wesen

Die Frage, was den Menschen zum Menschen macht und ihn vom Tier unterscheidet, ist fast so alt wie der Mensch selbst. Darum ist es kein Wunder, dass sich auch die Wissenschaft mit dieser Frage immer wieder beschäftigt. Einige andere Wissenschaftler behaupten, noch einen weiteren Unterschied herausgefunden zu haben. Sie sind der Meinung, dass Religion ein zentraler Bestandteil aller menschlicher Kulturen ist. Viele Wissenschaftler halten deshalb den Glauben an Gott für ein Merkmal des Menschen. Tiere hingegen haben keine Religion und keine Götter. Der Mensch (= homo sapiens) wird daher auch als »homo religiosus« (= der Mensch als religiöses Wesen) bezeichnet.

Aufgaben

1. Wähle eine der folgenden Aufgaben aus!
   Lies die Gedankenblasen und …
   verfasse einen eigenen Lexikoneintrag für ein Grundschullexikon mit dem Titel »Der Unterschied zwischen Mensch und Tier«.
   ODER
   gestalte ein Schaubild für ein Biologiebuch, das die Unterschiede zwischen Mensch und Tier erklärt.
2. Lies den Text »Der Mensch – ein religiöses Wesen« und ergänze deinen Lexikoneintrag oder dein Schaubild.

Zum Weiterdenken!

Unter den Affen gibt es auch sogenannte Menschenaffen. Sind also einige Tiere den Menschen ähnlicher als andere? Was kann ein Schimpanse, was ein Hund nicht kann?

Dürfen Mädchen anders sein, als man es von ihnen erwartet?

Der Animationsfilm Merida *spielt im mittelalterlichen Schottland. Merida ist die Prinzessin des schottischen Königsclans, aber ständig streitet sie sich mit ihrer Mutter Elinore, weil sie sich nicht so verhält, wie diese es von ihr erwartet:*

Meridas Mutter Elinore zerrt sie wutentbrannt ins Zimmer. Merida macht einfach, was wie will, und hält sich an keinerlei Regeln, die für Prinzessinnen gelten. Sie will sich nicht kleiden wie eine Prinzessin, sie verhält sich nicht so und jetzt will sie noch nicht mal heiraten. »Was soll nur aus dem Mädchen werden?«, denkt sich Elinore.

Doch auch Merida ist aufgebracht, sie will sich nicht einsperren lassen – von niemandem. Kann sie nicht einfach tun, was sie am liebsten macht: mit ihrem Pferd durch die Wildnis reiten, Bogen schießen und Abenteuer erleben? »Wieso kann das denn niemand akzeptieren?«, denkt sich Merida.

Dürfen Jungen anders sein, als man es von ihnen erwartet?

In dem Animationsfilm Drachen zähmen leicht gemacht *ist Hicks der Sohn des Wikingerhäuptlings Haudrauf. Die Wikinger sind allesamt kräftige und brutale Kerle und bereiten sich stets darauf vor, gegen Drachen zu kämpfen. Doch im Gegensatz zu allen anderen Wikingern ist Hicks ein tollpatschiger Hänfling und das macht ihm ganz schön zu schaffen:*

Hicks hat ein großes Chaos hinterlassen. Beim Kampf gegen die Drachen hat er völlig versagt. Enttäuscht schaut sein Vater ihm nach, während er mit Grobian, dem Schmied, nach Hause geht – vorbei an den rauen Jungs aus dem Dorf, die sich über ihn lustig machen. Hicks regt sich auf. Nie hört ihm sein Vater zu! Und wenn er es mal tut, sieht er dabei immer unzufrieden aus. Als ob er den falschen Sohn bekommen hätte. Als ob er einen starken Helden bestellt und dafür nur die halbe Portion gekriegt hätte, die Hicks ist. Grobian schüttelt leicht mit dem Kopf. Er hat einen Rat für Hicks: Dieser soll endlich damit aufzuhören, etwas sein zu wollen, was er nun mal nicht ist. Traurig schaut Hicks ihn an. Er will doch nur dazugehören …

Der Mensch und seine Religion **1**

Dürfen wir anders sein als man es von uns erwartet?

Häufig wird von Mädchen und Jungen ähnlich wie von Merida und Hicks ein bestimmtes Verhalten erwartet. Jungs sollen stark und mutig wie Wikinger sein, Mädchen eher zurückhaltend und höflich wie Prinzessinnen. Was ist aber, wenn man selbst gar nicht so ist? Was ist, wenn man wie Merida und Hicks ganz anders ist, als es andere von einem erwarten?
Christinnen und Christen glauben daran, dass alle Menschen von Gott so geschaffen wurden, wie er es für richtig hielt. Daher darf jeder Mensch auch so sein, wie er sein möchte, weil Gott jeden Menschen einzigartig geschaffen hat. Und auch Jesus hat gerade die Menschen aufgesucht, die in ihrer Gesellschaft nicht immer allen Erwartungen entsprochen haben, die ausgestoßen waren, weil sie »anders« waren. Er hat jeden Menschen angenommen, genau so, wie er ist – mit allen Eingenarten, Fehlern und Dingen, die wir vielleicht an jemandem störend finden. Das bedeutet umgekehrt, dass wir auch andere Menschen, denen wir begegnen, so akzeptieren müssen, wie sie sind. Anderssein ist in christlicher Sicht nichts Schlimmes, sondern von Gott gewollt, damit die Welt spannend und abwechslungsreich bleibt.

Aufgaben

 1. Wähle eines der beiden Filmbeispiele aus und bearbeite die dazugehörigen Aufgaben.

Merida	**Drachen zähmen leicht gemacht**
Verfasse einen Streitdialog zwischen Merida und Elinore und berücksichtige dabei dein Wissen aus dem Text.	Verfasse einen Dialog zwischen Hicks und Grobian und berücksichtige dabei dein Wissen aus dem Text.
Kläre dabei zuvor für dich	Kläre dabei zuvor für dich
a. was die Bilder darüber aussagen, wie Prinzessinnen sein sollen und inwiefern Merida anders ist.	a. was die Bilder darüber aussagen, wie Wikinger normalerweise sind und inwiefern Hicks anders ist.
b. was du vermutest, wie der Streit entstanden ist und warum die Königin will, dass Merida sich anders verhält.	b. was du vermutest, wie der Streit entstanden ist und wieso der Wikingerhäuptling wohl enttäuscht von seinem Sohn ist.

Zum Weiterdenken!

Wie kommt es eigentlich, dass Jungen und Mädchen sich oft unterschiedlich verhalten?

2. Suche dir eine Partnerin oder einen Partner, der oder die das andere Beispiel bearbeitet hat und stellt euch gegenseitig eure Ergebnisse vor.

Bin ich eigentlich immer gleich?

Soundso

Sie wissen genau, wer du bist
Du bist uns so einer
Sie sagen es so wie es ist
So gut kennt dich keiner
Und zwar bist du vom Wesen soundso
Soundso so irgendwie
Verstehen sie dich, das macht sie froh
So einer ändert sich nie

Aber nichts davon bestimmt dich, weißt du
Nichts davon verglimmt nicht mit der Zeit
Nur du bestimmt nicht, weißt du
Nichts davon ist wirklich nichts davon
Soundso und sowieso bleibt nichts davon
Soundso und sowieso ist nichts davon
Soundso
Glaub mir nichts davon bist du
Soundso warst du schon immer
Genauso, nur kleiner
Im Alter wird sowas nur schlimmer

Genauso, nur alleiner
Wie gut, wenn man beliebt wird, wie man ist
Soundso, und so allein
So wie du warst, so wie du bist
Bist das du, musst du das sein?
[…]

Dein Vater ist froh,
Weil er weiß,
Du bist soundso!
Und Mutter ist froh,
Weil sie weiß,
Du bist soundso!
Dein Haustier ist froh,
Weil es weiß,
Du bist soundso!

Dein Lehrer ist froh,
Weil er weiß,
Du bist soundso
Die Freunde sind froh,
Alles klar,
Du bist soundso!
So wie du warst, so wie du bist
Bist das du, musst du das sein?

Wir sind Helden

Der Mensch und seine Religion 1

Selbstbild – Fremdbild

Wenn du dir die Frage stellst: »Wie bin ich überhaupt?«, dann gibt es grundsätzlich zwei Wege, wie man die Frage beantworten kann. Du kannst Menschen fragen, die dich gut kennen und die deine Charaktereigenschaften beschreiben. Dies nennt man das Fremdbild. Es ist das Bild, das andere von dir haben. Demgegenüber entspricht das Selbstbild der Art und Weise, wie du selbst von dir denkst. Dabei sind beide Bilder nicht völlig unabhängig voneinander, sondern beeinflussen sich gegenseitig. So wirkt die Weise, wie andere uns sehen, auf unser Selbstbild ein und umgekehrt. Wenn zum Beispiel alle von dir denken, dass du sehr fleißig in der Schule seist, wirst du dies wahrscheinlich auch ein Stück weit selbst von dir denken.

Aufgaben

1. In dem Video zu dem Lied „Soundso« sind die Mitglieder der Band wie in einem Mix-Max-Buch zu sehen und ständig werden nur einzelne Teile von Ihnen ausgetauscht, sodass z. B. die Sängerin einmal den Kopf einer Königin, den Körper einer Soldatin und die Beine einer Ballerina hat. Überlege, warum die Band so ein Video für das Lied gewählt hat.
2. Erkläre, wie der Liedtext »Soundso« auf die Frage »Bin ich eigentlich immer gleich?« antwortet.
3. Erkläre, was das Foto der zwei Äpfel mit dem oder deinem Selbstbild und Fremdbild zu tun hat.
4. Beschreibe deinem Sitznachbarn oder deiner Sitznachbarin, wie du so bist.
    a. Benutze dazu die die »kommunikative Hand«. Male dazu den Umriss deiner Hand auf ein Blatt und schreibe auf drei Finger jeweils ein Stichwort zu dir (z. B. Hobbys, Lieblingsessen usw.). Schreibe auf den Daumen eine Eigenschaft, die dir an dir am besten gefällt. Schreibe auf den kleinen Finger eine Eigenschaft, die dir an dir nicht gefällt.
    b. Tausche nun dein Blatt mit deinem Sitznachbarn oder deiner Sitznachbarin und stelle ihn oder sie der Klasse vor.

Der Mensch und seine Religion

Wer kennt mich eigentlich am besten?

Aufgaben

1. Fülle Sprechblasen mit dem, was deine Mutter, dein Vater, dein Lehrer, dein Haustier, deine Freunde und deine Sportkameradinnen und -kameraden von dir denken, wie du bist. Verwende jeweils eine Sprechblase für eine der genannten Personen oder den genannten Personenkreis.
2. Was von den vielen Dingen aus der ersten Aufgabe stimmt denn nun? Übertrage die Zielscheibe in dein Heft. Wer dich am besten kennt, kommt in die Mitte, wer dich weniger gut kennt, etwas weiter nach außen usw.

Wie gut kennt mich eigentlich Gott?

»So gut kennt mich keiner«
Wir sind Helden

Auf der vorherigen Seite hast du dir Gedanken darüber gemacht, wer dich am besten kennt. Was verrät uns die Bibel darüber, wie gut uns Gott kennt?

Psalm 139,1–6

Herr, du durchschaust mich, du kennst mich durch und durch.
Ob ich sitze oder stehe, – du weißt es; – aus der Ferne erkennst du, was ich denke.
Ob ich gehe oder ausruhe, – du siehst mich; jeder Schritt, den ich mache, ist dir bekannt.
Schon bevor ich rede, weißt du, was ich sagen will.
Von allen Seiten umgibst du mich, – ich bin ganz in deiner Hand.
Dass du mich so genau kennst, – unbegreiflich ist das, ich kann es nicht fassen.

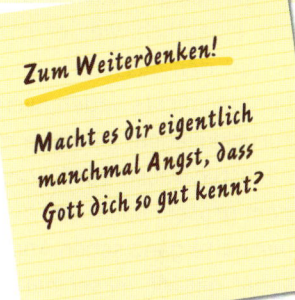

Zum Weiterdenken!

Macht es dir eigentlich manchmal Angst, dass Gott dich so gut kennt?

Aufgabe

Oh oh, bei dem Bild, das hier auf der Seite abgedruckt sein sollte, ist im Druck wohl etwas schiefgegangen. Das Bild sollte den Psalm 139 veranschaulichen.
Gestalte ein Bild zu einem einzelnen Vers des Psalms, das diesen darstellt.
Lies dazu noch einmal den Psalm alleine und notiere die Gedanken und Fragen, die dir dabei kommen.
Wähle dann einen Vers aus, den du bearbeiten möchtest, und sprich dich mit deinen Mitschülerinnen und Mitschülern ab, sodass unterschiedliche Verse bearbeitet werden. Versucht auf den Bildern ohne Wörter auszukommen.

Was ist, wenn ich Fehler mache?

Tagebucheintrag von Paul

An meiner neuen Schule gibt es echt ein paar nette Leute, von denen ich einige sogar schon aus der Grundschule kenne. Aus meiner Klasse verstehe ich mich am besten mit Max, Luis und Simon. Wir spielen meistens Fußball in den Pausen und haben uns auch schon öfter nach der Schule verabredet. Das macht total Spaß.

Aber es gibt auch andere Seiten an der neuen Schule: Der eine da, Stuart ist sein Name – was denkt der eigentlich, wer er ist? Vorgestern in der Pause hat er mich angerempelt und mein Pausenbrot ist auf den nassen Fußboden gefallen. Nicht einmal entschuldigt hat er sich. Ich konnte in der Situation gar nichts sagen, weil ich so überrascht war. Seitdem kann ich den nicht leiden. Das musste der zurückkriegen! Ich habe mich mit Max und Luis kurz besprochen und dann haben wir es dem in der nächsten Pause zurückgezahlt. Wir haben ihn uns geschnappt und so richtig in den Matsch hinter dem großem Baum auf dem Schulhof geschubst. Gegen drei konnte der schließlich nichts ausrichten. Der hatte ganz schön Angst vor uns und meinte, er hätte das mit dem Brot nicht extra gemacht. Er hat sogar gesagt, es sei ihm gar nicht aufgefallen. Ha! Mir doch egal, was der erzählt. Der lügt!
Seitdem lassen wir den nicht mehr in den Pausen beim Fußball mitspielen und auch die anderen spielen nicht mit dem, weil ich das allen erzählt habe.

Im Sportunterricht hat Simon dem heute dann ein Beinchen gestellt und der hat sich total wehgetan. Einige haben gelacht, als das passiert ist, dass er mir fast schon wieder leidgetan hat ...

Aufgaben

Zum Weiterdenken!

Warum kommt es eigentlich immer wieder zum Streit, obwohl doch eigentlich keiner Streit wirklich mag?

1. Erfindet in Kleingruppen ein **Rollenspiel,** das erklärt, wie es zu der Situation auf dem Bild gekommen ist. Euer Rollenspiel soll mit der Situation, wie sie im Bild dargestellt ist, enden.
2. Lies den Tagebucheintrag. Was läuft dort verkehrt? Beschreibe, was Paul und seine Freunde in der Geschichte falsch machen, und notiere ein paar Ideen, durch welches Verhalten Paul den Streit hätte verhindern können.
3. Paul liest nun auf der neuen Schule Psalm 139 im Religionsunterricht. Formuliere die Gedanken von Paul, wenn er den Psalm liest, in einer Gedankenblase.

Was Luther über Fehler herausgefunden hat

Martin Luther (1483–1546),
Gemälde von Lucas Cranach d. Ä.

Martin Luther hat sich viele Gedanken gemacht, welche Auswirkungen Fehler haben. Wird Gott sauer und bestraft den Menschen, der einen Fehler gemacht hat? Genau das dachten die Menschen nämlich damals, als Martin Luther lebte. Er versuchte also überhaupt keine Fehler zu machen, weil er sehr große Angst vor der Strafe Gottes hatte. Obwohl Martin versuchte alle Regeln einzuhalten, Menschen zu helfen und zu allen nett zu sein, entdeckte er trotzdem Fehler an sich, die er beging. Manchmal waren das nur Gedanken: Er war z. B. neidisch auf einen anderen Menschen oder er dachte etwas Böses. Martin wurde fast verrückt durch diese Angst vor Gott.

Dann jedoch machte er eine sehr wichtige Entdeckung in der Bibel: Gott ist ein gnädiger Gott! Wir brauchen keine Angst vor ihm zu haben. Gott möchte uns nicht bestrafen, wenn wir einen Fehler begehen. Gott vergibt uns unsere Fehler. Darauf können wir vertrauen! Wir Menschen sind ja nicht perfekt und jedem passiert mal ein Fehler. Das heißt nicht, dass wir anderen Menschen nicht mehr helfen müssen, und nicht versuchen sollen, ein gutes Leben zu führen. Aber wenn einem mal ein Fehler unterläuft, vergibt uns Gott.

Martin hatte einen Gott in der Bibel entdeckt, den er lieben konnte und vor dem er keine Angst mehr zu haben brauchte.

Martin erzählte allen Menschen, die er traf, davon und diese Botschaft verbreitete sich wie ein Lauffeuer.

Aufgabe

Schreibe Paul einen Brief, in dem du auf seine Gefühle eingehst.
Erkläre ihm darin, welche Antwort Martin Luther für sein Problem gefunden hat.

1 Der Mensch und seine Religion

Warum beten Menschen?

Das Gebet ist ein zentrales Merkmal vieler Religionen. Im christlichen Gebet öffnen sich Menschen für Gott und bringen ihre Gedanken und Gefühle vor ihn. Sie treten durch ihren Glauben in eine engere Beziehung mit Gott ein. Doch was sagen Menschen ihm im Gebet?

Viele Menschen danken Gott, sie loben ihn und drücken ihre Freude darüber aus, dass er für die Menschen da ist und er die Welt geschaffen hat. Man spricht hier von einem **Dankgebet**.

Aber man kann Gott im Gebet auch um etwas bitten: um das tägliche Brot, um Bewahrung und Hilfe, um Vergebung, für uns und für andere Menschen. Hierbei handelt es sich um ein **Bittgebet**.

Häufig ist in Gebeten aber auch beides an unterschiedlicher Stelle enthalten.

Und? Bewirkt dieses Beten etwas?

In mir schon.

Aufgabe

In einer Religionsstunde sollten die Schülerinnen und Schüler Bilder von betenden Menschen mitbringen. Die drei Bilder sind eine Auswahl der mitgebrachten Bilder. Das Bild rechts oben (Christiano Ronaldo) hat zu einer Diskussion in der Klasse geführt, ob hier wirklich ein betender Mensch dargestellt wird.
Schreibe einen kurzen Dialog zwischen zwei Schülerinnen oder Schülern, in dem deutlich wird, warum man über das Bild streiten kann und woran man betende Menschen deiner Meinung nach erkennen kann.

Der Mensch und seine Religion 1

Sophie, 17 Jahre, Jüdin

Sophie, wie betet man denn eigentlich als Jüdin?

»Normalerweise beten Juden dreimal am Tag: morgens, mittags und abends. Aber es gibt auch für die Zeit vor dem Essen und nach dem Essen Gebete und Segenssprüche. Es gibt sogar für die Zeit nach der Toilette Segenssprüche. Juden finden für alles irgendein Gebet oder einen Segensspruch.

Wir haben ein Gebetsbuch, das auf Althebräisch geschrieben ist, daher bete ich ein paar Gebete auf Althebräisch. Das habe ich in der Grundschule gelernt.

Vieles bete ich aber auch für mich auf Deutsch. Ich versuche dann, eine Bindung zwischen mir und Gott herzustellen, und ich glaube, dass das viel wichtiger ist. Es bringt ja auch nichts, irgendetwas zu beten, was man nicht versteht.

Bei allen Gebeten, die ich auf Althebräisch bete, kenne ich die Übersetzung und habe sie gelernt. Ich sehe da nämlich keinen Sinn drin, etwas zu beten, was man nicht versteht. Es muss ja auch vom Herzen kommen, daher lege ich mehr Wert auf die persönliche und individuelle Gebetsweise.«

Dankgebet	Bittgebet
Danke für ...	Bitte um ...
– Das Mittagessen	– Gesundheit
– ...	– ...

Aufgaben

1. In einem Gebet bringt ein Mensch in eigenen Worten seine Gedanken und Gefühle vor Gott.
    a. Erarbeite in einer Tabelle Beispiele, wofür Menschen in Gebeten danken können und worum sie bitten können.
    b. Schreibe ein eigenes Morgen- oder Abendgebet, in dem Elemente eines Bitt- und eines Dankgebets enthalten sind.
2. Diskutiert, ob beten »etwas bringt«. Beziehet dabei die Zeichnung und den Text in den Sprechblasen mit ein.
3. Ein Onlineshop verkauft T-Shirts mit einer Art von Bittgebet. Schreibe einen kurzen Kommentar und begründe, warum es sich hier nicht um ein echtes christliches Bittgebet handelt.

Wie wirkt sich deine Religion auf dein Verhalten aus?

Alle Religionen zeichnen sich dadurch aus, dass sie dem Menschen auch Regeln und Anweisungen geben, wie man sich richtig zu verhalten hat. Hier findest du einige Regeln, wie sie sich in den verschiedenen Religionen finden lassen. Im Christentum nennt man diese Regel die *Goldene Regel*. Warum wohl?

Christentum
Alles, nun, was ihr wollt, dass euch die Leute tun sollen, das tut ihnen auch.
Matthäus 7,12

Judentum
Was dir selbst verhasst ist, tue deinem Nächsten nicht an.
Talmud, Shabbat 31a

Islam
Keiner von euch ist wahrhaftig gläubig, solange ihr nicht anderen wünscht, was ihr für euch selbst begehrt.
Der Prophet Muhammad, Hadith

Buddhismus
Behandle andere nicht auf eine Weise, von der du denkst, dass sie dich selbst verletzen würde.
Der Buddha, Udana Varga 5,18

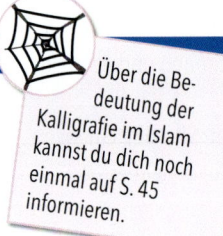

Über die Bedeutung der Kalligrafie im Islam kannst du dich noch einmal auf S. 45 informieren.

Aufgabe

Beschreibe die Gemeinsamkeit zwischen den Regeln in den verschiedenen Religionen. Formuliere die Goldene Regel in eigenen Worten in Schönschrift in deinem Heft.

Der Mensch und seine Religion 1

Sophie,
17 Jahre, Jüdin

Würdest du sagen, dass deine Religion die Art und Weise beeinflusst, wie du im Leben handelst?

»Auf jeden Fall prägt meine Religion meine Weltansicht und die Art, wie ich durchs Leben gehe. Ich lerne ja die ganzen Werte und Gebote, wie die Nächstenliebe.

Und bei mir ist das so, dass ich das nicht ignorieren kann, wenn ich zum Beispiel etwas ›Verbotenes‹ mache. Das fängt ja auch schon bei den kleinen Sachen an, wenn man über jemanden lästert zum Beispiel. Das ist bei uns ein wichtiges Gebot, das heißt ›böse Zunge‹. Das heißt, man darf nicht schlecht über jemanden reden. Und wenn mir dann der Gedanke kommt und ich gerade etwas sagen möchte, dann kommt mir das Gebot in den Kopf und dann kann ich das nicht ignorieren und passe auf, was ich sage.

Ich lebe daher bewusster durch die Religion, weil ich dadurch mehr auf meine Taten achte.«

Aufgaben

1. Die »Muslimische Jugend« – eine in einigen europäischen Ländern bestehende Organisation für Jugendliche muslimischen Glaubens – organisiert im Fastenmonat Ramadan jedes Jahr gemeinnützige Projekte und lädt alle Menschen dazu ein, daran teilzunehmen. Entwirf Ideen für Projekte, die muslimische, jüdische und christliche Schülerinnen und Schüler gemeinsam durchführen könnten und die die Goldene Regel erfüllen würden.
2. Entwerft gemeinsam Regeln, die in der Klasse gelten müssen, damit sich alle wohl fühlen können.

3. Wähle eine der folgenden Aufgaben aus! Überprüfe anhand der Goldenen Regel, wer in der Geschichte auf S. 18 falsch gehandelt hat.
ODER
Paul hat seinen Eltern von dem Streit mit Stuart berichtet. Sie haben ihm von der Goldenen Regel erzählt. Schreibe den Tagebucheintrag von Paul für den nächsten Tag. Was könnte passiert sein?

Menschen bei einem Kirchentag

Fans im Fußballstadion

Was zeichnet eine religiöse Gemeinschaft aus?

Keiner der nur immer redet

Gut, dass wir einander haben,
gut, dass wir einander sehn.
Sorgen, Freuden, Kräfte teilen
und auf einem Wege gehen.

Keiner, der nur immer redet,
keiner, der nur immer hört.
Jedes Schweigen, jedes Hören,
jedes Wort hat seinen Wert.

Keiner widerspricht nur immer.
Keiner passt sich immer an.
Und wir lernen, wie man streitet
und sich dennoch lieben kann.

Gut, dass wir nicht uns nur haben,
dass der Kreis sich niemals schließt
und dass Gott, von dem wir reden,
hier in unsrer Mitte ist.

Keiner, der nur immer jubelt,
keiner, der nur immer weint.
Oft schon hat uns Gott in unsrer Freude,
unsrem Schmerz vereint.

Keiner trägt nur immer andre,
keiner ist nur immer Last.
Jedem wurde schon geholfen,
jeder hat schon angefasst.

Manfred Siebald

Was ist Kirche?

Wenn man das Wort »Kirche« hört, denken die meisten Menschen wohl erst einmal an das Kirchengebäude. Aber Kirche ist weit mehr als nur das. Im christlichen Verständnis meint Kirche die Gemeinschaft der Glaubenden. Das heißt, der Glaube führt die Menschen zu einer Gemeinschaft zusammen. Dabei drückt sich der Glaube innerhalb der Kirchengemeinschaft bei den Menschen ganz unterschiedlich aus. Manche treffen sich regelmäßig zum Gottesdienst, andere organisieren gerne Gemeindefeste oder kümmern sich im Namen der Kirche um Menschen, die Hilfe benötigen.

Gemeinschaft der Glaubenden

Sophie,
17 Jahre, Jüdin

Welche Rolle spielt die jüdische Gemeinschaft in deinem Leben?

»Die jüdische Gemeinschaft spielt eine sehr große Rolle in meinem Leben. Die Mehrheit meiner Freunde ist auch jüdisch. Aber das ist nicht, weil wir uns ausgrenzen, sondern die jüdische Gemeinde bietet sehr viele Möglichkeiten, vor allem für junge Leute, wie Fahrten und ein Jugendzentrum.
Generell fühlt man sich direkt irgendwie verbunden, wenn man irgendwo hingeht und merkt, derjenige ist auch jüdisch. Dann hat man gleich eine Gemeinsamkeit. Vor allem, weil wir nur so wenige sind in Deutschland. Dadurch ist der Zusammenhalt viel größer.«

Aufgaben

1. Beschreibe die Gemeinsamkeiten und Unterschiede der beiden in den Fotos auf S. 24 dargestellten Gemeinschaften.
2. Beschreibe Situationen, in denen es gut ist, dass Menschen einander haben und sich zu einer Gemeinschaft zusammentun.
3. Die Kinder- und Jugendgruppe deiner Kirchengemeinde möchte neue Mitglieder gewinnen. Gestalte ein Werbeplakat, auf dem deutlich wird, warum man der Gruppe beitreten sollte. Greife dazu auf die Texte auf der Doppelseite zurück.

Sehen religiöse Menschen die Welt anders?

Das Herz

Das Herz ist ein bei verschiedenen Tiergruppen vorkommendes muskuläres Organ, das mit rhythmischen Bewegungen Blut durch den Körper pumpt und so die Versorgung aller Organe sichert. Höherentwickelte Herzen, beispielsweise bei den Wirbeltieren, arbeiten wie eine Pumpe, indem die Flüssigkeit aus Blutgefäßen angesaugt wird und durch andere Blutgefäße ausgestoßen wird.

Wikipedia

Ein Mensch sieht, was vor Augen ist; Gott aber sieht das Herz an.

1. Samuel 16,7

Manchmal gibt es auch Handlungen, die mehr meinen als bloß die eigentliche Handlung. Über Symbolhandlungen in der Bibel kannst du dich auf S. 61 informieren.

Infobox: Was ist ein Symbol?

Überall auf der Welt benutzen Menschen Symbole, um ihrer Religion Ausdruck zu verleihen. Eines der bekanntesten religiösen Symbole ist sicher das christliche Kreuz.

Symbole zeichnen sich dadurch aus, dass sie »mehr« meinen, als auf einen ersten Blick zu erkennen ist.

Ein gutes Beispiel ist das Herz. Obwohl das Herz auf den ersten Blick nur das menschliche Organ abbilden soll, meint es zugleich »mehr« als nur das Organ. Es ist ein Symbol für Liebe und wird von jedem Menschen auch so verstanden.

Dabei müssen Symbole aber keineswegs immer bildliche Darstellungen sein. Auch in einem Text können Symbole gebraucht werden, wie zum Beispiel das Symbol des »Brotes«.

Aufgaben

1. Der Auszug aus dem Wikipedia-Artikel und das Bibelzitat behandeln das Thema »Herz«. Erkläre die Unterschiede zwischen den beiden Texten. Als Hilfe kannst du auch noch mal auf S. 46–53 nachgucken.
2. Nenne weitere Symbole, die du kennst.

Bibelillustration nach B. Hummel

Der Satz auf der Seite nebenan aus dem ersten Buch Samuel steht in der Geschichte, die erzählt, wie Gott David als neuen König von Israel ausgewählt hat.

Religion macht glücklich und stressresistenter

> **Gläubige Menschen sind in ihrem Leben zufriedener und kommen leichter mit Schocks wie Jobverlust oder Scheidung zurecht.**
>
> DIE GESAMMELTEN DATEN TAUSENDER EUROPÄER LASSEN VERMUTEN, DASS RELIGION ENTSCHEIDENDEN EINFLUSS AUF DAS GLÜCK EINES MENSCHEN HABEN KÖNNTE.

Aus der Zeitung *Welt*

Aufgaben

1. Betrachte das Bild zum Vers aus dem ersten Samuelbuch und überlege, was die verschiedenen Personen auf dem Bild denken. Überlege mögliche Gründe, warum Gott wohl David als neuen König ausgewählt hat.
2. »Sehen religiöse Menschen die Welt anders?« – Beantworte die Frage dieser Doppelseite vor dem Hintergrund des gesamten Kapitels.

Lesen ist Reisen im Kopf

Eine Warnung

Hier fängt die Geschichte an. Sie erzählt, wie ich in den Besitz des *Blutigen Buches* kam und das Orm erwarb. Es ist keine Geschichte für Leute mit dünner Haut und schwachen Nerven – welchen ich auch gleich empfehlen möchte, dieses Buch wieder zurück auf den Stapel zu legen. Husch, husch, verschwindet, ihr Kamillenteetrinker und Heulsusen, ihr Waschlappen und Schmiegehäschen, hier handelt es sich um eine Geschichte über einen Ort, an dem das Lesen noch ein echtes Abenteuer ist!

Ja, ich rede von einem Ort, wo einen das Lesen in den Wahnsinn treiben kann. Wo Bücher verletzen, vergiften, ja, sogar töten können. Nur wer wirklich bereit ist, für die Lektüre dieses Buches derartige Risiken in Kauf zu nehmen, wer bereit ist, sein Leben aufs Spiel zu setzen, um an meiner Geschichte teilzuhaben, der sollte mir zum nächsten Absatz folgen. Allen anderen gratuliere ich zu ihrer feigen, aber gesunden Entscheidung, zurückzubleiben. Macht's gut, ihr Memmen! Ich wünsche euch ein langes und sterbenslangweiliges Dasein und winke euch mit diesem Satz Adieu!

Menschen erzählen von ihren Erfahrungen mit Gott **2**

> Wir haben davon gehört, es ist uns bekannt.
> Schon unsere Eltern haben es weitererzählt.
> Wir halten es nicht geheim vor unseren Kindern.
> Wir erzählen davon der nächsten Generation:
> Vom Ruhm des HERRN und seiner Macht,
> von seinen Wundern, die er getan hat.
> Er machte Jakob seine Vorschriften bekannt
> und Israel übergab er seine Weisungen.
> Unseren Vorfahren hat er aufgetragen,
> sie an ihre Kinder weiterzugeben.
> So lernt die nächste Generation sie kennen,
> in der wieder Kinder geboren werden.
> Die sollen sie dann an ihre Kinder weitergeben,
> damit auch diese Vertrauen fassen zu Gott.
> So werden sie Gottes Taten nicht vergessen
> und seine Gebote werden sie befolgen.
>
> Psalm 78,3–7

Aufgaben

1. Schaut euch gemeinsam die Wortwolke an. Welche Erinnerungen und Ideen gehen euch durch den Kopf?
2. Mit dieser »Warnung« auf der linken Seite fängt das Buch »Die Stadt der Träumenden Bücher« an. Welche Erwartungen weckt dieser Anfang? Wie könnte die Geschichte weitergehen? Tauscht euch über eure Ideen aus und entwickelt in Stichworten eine mögliche Geschichte.
3. Man kann Bücher nicht nur lesen, sondern auch selbst schreiben. Sammelt Ereignisse, Erlebnisse oder Erzählungen, die es wert sind, aufgeschrieben zu werden.
4. Welches Anliegen wird in dem Psalm deutlich? Was von dem, was eure Eltern erzählt haben, würdet ihr gerne euren Kindern erzählen? Erstellt dazu selbst eine **Wortwolke**.

Zum Weiterdenken!

»Lesen ist Reisen im Kopf.« Welche verschiedenen Reisen könnten gemeint sein?

Abraham: Ein Leben im Vertrauen auf Gott

Die Bibel ist ein Buch, in dem Erfahrungen der Menschen mit Gott gesammelt sind. Erkundet auf den folgenden Seiten, wie das genau gemeint ist.

Abraham fällt eine Entscheidung

Abraham erwacht. Er richtet sich auf. Draußen, vor dem Zelt, blökt ein Schaf. Durch einen Spalt in der Zeltwand sieht Abraham den Mond. »Seltsam«, denkt Abraham. »Jetzt habe ich schon dreimal den gleichen Traum gehabt. Oder ist es vielleicht gar kein Traum gewesen? Gesehen habe ich eigentlich nichts. Aber eine Stimme habe ich gehört. Ganz deutlich. Über mir. Neben mir. Oder ist sie in mir gewesen?«

Abraham kann sich genau erinnern, was die Stimme gesagt hat. »Abraham!«, hat sie gesagt. »Verlass deine Heimat! Verlass deine Verwandten! Geh in das Land, das ich dir zeige! Ich schenke dir viele Nachkommen! Ich mache dich zum Vater eines mächtigen Volkes. An dir werden die Menschen sehen, was es heißt, wenn ich jemanden segne.«

Abraham schlägt die Decke zurück. Es ist warm im Zelt. Es riecht nach Erde, nach Gras, nach Schafen und Ziegen.

»Ob es Gott gewesen ist, der mit mir geredet hat?«, denkt Abraham. »Der Gott, der mir das Leben geschenkt hat und der mich überall begleitet?« Abraham schüttelt den Kopf. »Nein!«, sagt er vor sich hin. »Es kann nicht Gott gewesen sein. Seine Stimme hat doch gesagt: Ich schenke dir viele Nachkommen! Aber ich habe doch gar keine Kinder. Keinen Sohn und keine Tochter. Und ich bekomme auch keine mehr. Meine

Frau, die Sara, ist zu alt, um noch Kinder zu bekommen.« Abraham seufzt. »Die Stimme hat auch nicht gesagt, wohin ich gehen soll«, denkt er. »Geh in das Land, das ich dir zeige! Hat sie gesagt. Aber wo ist dieses Land?« Abraham schaut wieder durch den Spalt in der Zeltwand zum Mond hinauf. Der Mond steht jetzt gerade über den Bergspitzen in der Ferne. »Vielleicht ist es doch Gott gewesen«, denkt Abraham. »Gott sagt ja nicht immer, was er vorhat. Er will, dass ich ihm vertraue. Vielleicht muss ich einfach fortgehen. Ohne dass ich genau weiß, wohin er mich führt. Und eines Tages bin ich dann am Ziel. Genau dort, wo Gott mich haben will.«

Als Abraham am anderen Morgen erwacht, scheint die Sonne durch den Spalt in der Zeltwand. Das Zelt hat fünf Räume. Die Räume werden mit Fellen und Vorhängen voneinander getrennt. Sie sind mit bunten Wollteppichen und weichen Polstern ausgelegt.

Abraham steht auf. Er zieht das Hemdkleid und den Hirtenmantel an. Über den Kopf stülpt er ein Tuch. Das Tuch schützt ihn vor den brennenden Sonnenstrahlen. Er schlüpft in die Ledersandalen und knüpft sie an den Knöcheln fest. Abraham setzt sich unter das Vordach seines Zeltes. Die Sonne scheint schon heiß, aber im Schatten ist es angenehm. Abraham sieht, wie Sara das Essen bereitet. In einer kleinen Aushöhlung im Boden hat sie Feuer gemacht.

Sara winkt ihre Sklavin. Hagar bringt frische Milch, Käse und Gemüse. »Die Zwiebeln habe ich auf dem Markt in Haran gegen ein Ziegenfell eingetauscht«, sagt Sara. Abraham nickt. »Würde es dir etwas ausmachen, Sara, wenn wir Haran verlassen würden?«, fragt er. Sara schaut ihn erstaunt an.

Werner Laubi

Aufgaben

 1. Abraham und Sara müssen eine Entscheidung fällen. Entwickelt ein **Rollenspiel**, in dem sie ihre Argumente austauschen und zu einer Lösung kommen. Sammelt dazu Argumente für und gegen einen Aufbruch in ein neues Land. Gewichtet sie. Warum sind sie letztlich aufgebrochen?

2. Es gibt immer wieder Lebenssituationen, in denen Entscheidungen gefällt werden müssen. Denkt euch eine Situation aus. Entwickelt ein Verfahren, mit dem ihr zu einer guten Entscheidung kommen könntet.

Abraham löst einen Konflikt

Abraham und Sara brechen auf in ein neues Land. Seine Familie, seine Knechte und Sklavinnen und auch die Tierherden ziehen mit.

»Das ist unser Feld«, sagt Lud zu Heber. Lud ist Lots Oberhirte. Heber ist Abrahams Oberhirte. Lud und Heber sind stämmige Kerle mit dicken Muskeln an den Armen. »Nein, das ist nicht euer Feld«, antwortet Heber. »Es gehört dem Bauern.«

»Meinst du, ich weiß das nicht?«, sagt Lud. »Ich bin gestern mit meinem Herrn, dem Lot, hier gewesen und habe zugeschaut, wie die Knechte des Bauern Ofir das Gerstenfeld gemäht haben. Sie haben mit ihren Sicheln die Gerste knapp unter den Ähren abgeschnitten und die Halme stehen lassen, wie es der Brauch ist. Der Lot hat dem Bauern Ofir zwei fette Schafe gegeben. Und darum hat ihm der Ofir erlaubt, dass seine Schafe und Ziegen heute das Feld abweiden dürfen. Und du hast mit deinen Schafen hier überhaupt nichts zu suchen.«

Heber stemmt die Hände in die Hüften. »Die Schafe da«, sagt er, »gehören meinem Herrn, dem Abraham. Der Abraham ist der Onkel vom Lot. Er ist viel älter, viel reicher und viel mächtiger als Lot. Darum dürfen seine Schafe die Äcker vor den Schafen des Lot abweiden. Also: Mach Platz und lass die Schafe Abrahams auf das Feld.«

Lud schaut Heber finster an. »Wenn nur eines deiner Schafe auf das Feld trampelt«, sagt er drohend, »dann hau ich dir mit meinem Hirtenstock eine auf deinen Rücken, dass du bis zum Neujahrsfest nicht mehr sitzen kannst.«

»Und ich ziehe dir den Lederriemen meiner Steinschleuder über den Kopf, dass deine Haare herumfliegen wie die Federn einer gerupften Taube.« »Ich erwarte jeden Augenblick meine zehn

Unterhirten«, sagt Lud. »Die zerquetschen dich, wie ich eine Laus in meinem Bart zerdrücke.«

»Dann will ich dir einen Denkzettel verabreichen, bevor deine Unterhirten hier sind«, sagt Heber. Er geht auf Lud zu. Lud packt ihn und will ihn zu Boden werfen. Da schlingt Heber blitzschnell seinen kräftigen Arm um Luds Hals und drückt ihn an sich. Lud schnappt nach Luft. Er stößt Heber den Ellenbogen in den Bauch. Heber schreit auf. Lud gibt ihm einen Stoß. Heber fällt zu Boden. Als Lud sich auf ihn stürzen will, stemmt ihm Heber die Füße ins Gesicht. Lud blutet aus der Nase. Heber stöhnt. Aber beide ringen verbissen weiter.

»Onkel Abraham!« Von den Zelten her kommen zwei Männer: Lot und sein Oberhirte Lud. Abraham steht auf. Er geht Lot entgegen. »Das freut mich aber, dass du wieder einmal zu meinem Zelt kommst, Lot«, sagt Abraham. »Magst du ein wenig Milch oder Brot? Aber – Was ist denn mit deinem Begleiter geschehen? Hat ihn ein Löwe angefallen? Oder ein Bär? Sein Gesicht ist ja ganz mit Blut verschmiert!«

»Gerade deswegen komme ich zu dir«, sagt Lot. »Es ist kein Bär gewesen, der meinen Oberhirten Lud so zugerichtet hat. Und auch kein Löwe. Dein Oberhirte Heber hat ihn so zugerichtet.« Abraham schlägt sich die Hände an die Stirn. »Der Heber? Aber warum denn?«

Lot erzählt Abraham den Streit von den Hirten. Abraham seufzt und schüttelt den Kopf. »Es ist ein Elend«, sagt er. »Bald jede Woche schlagen sich deine und meine Hirten die Köpfe blutig.« »Das wundert mich nicht«, antwortet Lot. »Unsere Herden werden jedes Jahr größer. Aber das Land bleibt immer gleich groß. Die Tiere haben zu wenig Weide. Darum bekommen unsere Hirten wegen jedem Feld und jedem Grasplatz, wegen jedem Brunnen und wegen jeder Quelle Streit.« Abraham nickt.

Werner Laubi

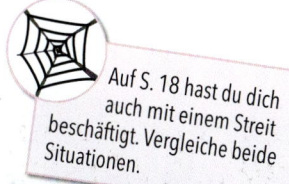
Auf S. 18 hast du dich auch mit einem Streit beschäftigt. Vergleiche beide Situationen.

Aufgaben

 1. Abraham und Lot müssen einen Konflikt lösen. Entwickelt zu zweit ein Gespräch, in dem sie ihre jeweilige Situation darstellen und eine Lösung finden.
ODER

 Entwickelt ein **Standbild,** in dem ihr Konflikt deutlich wird.

 2. Streit gibt es auch in Familien und unter Freunden. Denkt euch eine Streitsituation aus. Entwickelt ein **Rollenspiel,** in dem ihr die verschiedenen Sichtweisen der Beteiligten berücksichtigt und zu einer guten Lösung für alle kommt.

Abraham empfängt Gäste

Abraham und Lot haben den Streit gelöst. Lot durfte wählen, ob er lieber in den Bergen bleiben oder in das Tal hinunterziehen möchte. Er hat sich für das Tal entschieden. So ist Abraham in den Bergen geblieben. Eines Tages bekommt er Besuch.

Abraham sitzt am Eingang seines Zeltes. Er hört ein Geräusch. Er schaut auf. Wenige Schritte vor ihm stehen drei Männer. Es sind Fremde. Abraham hat sie noch nie gesehen. Er steht auf. Denn wenn Fremde vorbeikommen, dann muss man sie begrüßen und sie zum Essen einladen. So will es der Brauch der Gastfreundschaft.

Abraham verneigt sich vor den Männern. »Ich heiße Abraham«, sagt er. »Ich wohne hier mit meiner Frau, der Sara, und mit meinen Knechten und Mägden in den Zelten. Es freut mich, dass ihr meine Gäste sein wollt.«

Ohne eine Antwort abzuwarten, wendet sich Abraham um und ruft: »Elieser!« Elieser, der Knecht, kommt aus einem der Zelte. »Bring Wasser!«, befiehlt Abraham. »Es sind drei Gäste da. Sie wollen sich die Füße waschen!« Elieser bringt das Wasser in drei Becken. »Macht es euch unter dem Baum bequem«, sagt Abraham zu den Männern. »Ich will in der Zwischenzeit etwas zum Essen und zum Trinken holen.«

Abraham geht ins Zelt. »Wir haben Besuch bekommen«, sagt er zu Sara. »Schnell, Sara! Nimm drei Schüsseln vom besten Mehl und backe frisches Brot und Kuchen!« Abraham verlässt das Zelt. Am Rand der Zeltstadt weidet ein Teil der Schafe und Rinder. »Schlachte ein Tier«, befiehlt er Elieser. »Bereite es zu. Wenn das Fleisch gar ist, bringe es den Gästen!« Abraham bringt in einem Krug frisches Wasser. Er füllt drei Becher. Er lässt die Fremden trinken. Dann holt er die Brote, einen Krug Milch und saure Sahne. Jetzt kommt Elieser mit dem Fleisch.

Die Fremden essen. Abraham sieht, dass es ihnen schmeckt. Immer wieder füllt er ihnen die Teller. Endlich sind sie fertig. Sie wischen sich mit dem Handrücken den Mund ab. »Wo ist deine Frau Sara?«, will der Mann mit den vornehmen Kleidern wissen. »Sie ist im Zelt«, antwortet Abraham. »Dann höre gut zu!«, sagt der Fremde. »In einem Jahr, um die gleiche Zeit, komme ich wieder zu dir. Bis dann wird Sara einen Sohn haben.« Hinter dem Zelteingang hört man ein Lachen. Sara hat heimlich alles mit angehört, was der Mann gesagt hat. Jetzt lacht sie in sich hinein. »Ich bin doch viel zu alt, um noch ein Kind zu bekommen«, denkt sie.

Die Männer stehen auf. Sie klopfen sich das Laub und den Staub aus den Kleidern. »Wollt ihr schon gehen?«, fragt Abraham. »Wir haben noch einen weiten Weg vor uns«, antwortet der Fremde. »Dann will ich euch, wie es der Brauch ist, noch ein Stück weit begleiten«, sagt Abraham.

Werner Laubi

Zum Weiterdenken!

»Die Bibel ist insgesamt ein Buch über die Erfahrungen der Menschen mit Gott.« Prüfe diese Aussage am Beispiel von Abraham. Kennst du noch weitere biblische Geschichten, für die sie zutreffen würde? Erzähle sie den anderen.

Aufgaben

1. Welche Bedeutung hat die Botschaft der Gäste für Abraham und Sara? Entwickelt einen Dialog zwischen den beiden.
2. Vergleiche deine Art und Weise Gäste zu empfangen mit der Abrahams.
3. Gäste spielten damals eine große Rolle. Warum?

Aufgaben zu den drei Textabschnitten
1. Arbeite aus den drei Erzählungen heraus, wie die Nomaden damals gelebt haben. Zeichne ein Bild mit möglichst vielen Einzelheiten.
ODER
Schreibe einen Lexikonartikel.
2. Stelle Abrahams Leben als Weg dar, an den du die einzelnen Ereignisse zeichnest. Welches Lebensmotto hatte Abraham?

Abraham: Stammvater von Juden, Christen und Muslimen

Aus dem Alten Testament:

Eines Tages beobachtete Sara, wie der Sohn, den die Ägypterin Hagar Abraham geboren hatte, umhertollte. Da sagte sie zu Abraham: Verstoß diese Magd und ihren Sohn! Denn der Sohn dieser Magd soll nicht zusammen mit meinem Sohn Isaak Erbe sein. Dieses Wort verdross Abraham sehr, ging es doch um seinen Sohn. Gott sprach aber zu Abraham: Sei wegen des Knaben und deiner Magd nicht verdrossen! Hör auf alles, was Sara dir sagt! Denn nach Isaak sollen deine Nachkommen benannt werden. Aber auch den Sohn der Magd will ich zu einem großen Volk machen, wie auch er dein Nachkomme ist. Am Morgen stand Abraham auf, nahm Brot und einen Schlauch mit Wasser, übergab beides Hagar, legte es ihr auf die Schulter, übergab ihr das Kind und entließ sie.

1. Mose 21,9–14a

Rembrandt, Abraham schickt Ismael und Hagar weg

Aus dem Koran:

Ibrahim war eine verantwortungsvolle Person. Er war Gott demütig und aufrichtig ergeben. Er war kein Ungläubiger und dankbar für seine Gaben. Gott hat ihn auserwählt und auf den rechten Weg geführt. … Wer hat eine bessere Religion als der, der sein Gesicht Gott zuwendet, rechtschaffen ist und der Gemeinschaft Ibrahims folgt, der aufrichtig ergeben war. Gott hat sich Ibrahim zum Freund genommen.

Sure 16:120-122, 4:125

Infobox

Judentum, Christentum und Islam werden abrahamitische Religionen genannt, da der <u>Stammvater</u> Abraham in allen drei eine große Rolle spielt. Die Erzählungen von Abraham stehen sowohl in der jüdischen Tora und damit im Alten Testament als auch im Koran. Im Islam gilt Abraham (Ibrahim) als einer der wichtigsten Propheten vor Muhammad. In der Tradition des Juden- und des Christentums gehen diese Religionen auf den Sohn von Sara und Abraham, Isaak, zurück. Die Muslime beziehen sich auf Ismael, den Sohn Abrahams, den er mit der Magd Hagar hatte.

In Abrahams Umfeld damals wurden viele Götter angebetet. Abraham hingegen vertraute auf den einen Gott. Dieser Glaube an den einen Gott verbindet noch heute das Judentum mit dem Christentum und dem Islam. Deshalb treffen sich in verschiedenen Städten Vertreter dieser Religionen und überlegen gemeinsam, wie sie z. B. zusammen Gottesdienste feiern können. Sie planen aber auch andere Projekte, die ein friedliches Zusammenleben der unterschiedlichen Religionen ermöglichen sollen.

Stammvater: Begründer eines Stammes oder eines Volkes

Aufgaben

1. Rembrandt hat den Abschied von Hagar und Ismael gezeichnet.
   Suche dir eine Person aus und schreibe einen **inneren Monolog.**
   ODER
   Zeichne für das Bild Sprechblasen für alle Personen und entwickele ein Gespräch zwischen ihnen.
   Beziehe bei der Bearbeitung beider Aufgaben die Texte aus dem Alten Testament und dem Koran sowie den Informationstext mit ein.
2. Der gemeinsame Stammvater Abraham spielt für den Dialog der Religionen eine große Rolle. Plant ein konkretes Projekt, mit dem das friedliche Zusammenleben der drei abrahamitischen Religionen gefördert werden könnte.

Die Bibel ist nicht einfach vom Himmel gefallen ...

... und es war auch kein einzelner Schriftsteller, der sie aufgeschrieben hat. Es war vielmehr ein langer Weg, auf dem das Alte und das Neue Testament entstanden sind, und es waren viele Menschen daran beteiligt.

Wie ist das Neue Testament entstanden?

0–30 n. Chr.

Alles hat damit angefangen, dass Jesus den Menschen begegnete und ihnen von Gott predigte. Die Menschen hörten ihm zu, ließen sich von seinen Worten bewegen und spürten in ihnen die Nähe Gottes.

ca. 30 n. Chr.

Jesus wurde gekreuzigt.
Einige Anhänger Jesu spürten aber auch nach seinem Tod deutlich: Die Sache Jesu war noch nicht beendet, es gab Anlass für die Hoffnung auf eine bessere Welt.

30–60 n. Chr.

Menschen erzählten sich von diesen Erfahrungen. Sie fingen an, einzelne Erinnerungen aufzuschreiben, z. B. ein Gleichnis, eine Wundergeschichte, etwas zur Geburt oder zum Tod Jesu. Manches hatten sie selbst erlebt, das meiste aber kannten sie aus Erzählungen anderer.

60–100 n. Chr.

Viele Menschen, die Jesus gekannt hatten, starben. Zudem bildeten sich die ersten christlichen Gemeinden. Die neuen Anhänger wollten wissen, wer Jesus war. Also machten sich einige Mitglieder der Gemeinden an die Arbeit: Sie sammelten die Texte, brachten sie in eine sinnvolle Reihenfolge, schrieben Verknüpfungen. Man nennt diese Sammler Evangelisten.

So entstanden mehrere Evangelien. Auch gab es Briefe an die Gemeinden und weitere Bücher. Diese wurden immer wieder abgeschrieben und an sicheren Orten aufbewahrt. Welche Texte sollten aber im Gottesdienst vorgelesen werden? Einige berichteten von den Predigten von Jesus und von den Menschen, die an ihn glaubten. Andere erzählten wundersame Dinge aus seiner Kindheit. Eine Konferenz im Jahr 397 n. Chr. legte den sog. »Kanon« fest, also die Auswahl der Schriften, die wir heute als Neues Testament kennen.

Menschen erzählen von ihren Erfahrungen mit Gott 2

Evangelium heißt »frohe Botschaft« oder »gute Nachricht«.

Der Evangelist Matthäus, aus dem mittelalterlichen Ebo-Evangeliar Reims

Infobox: Warum eigentlich vier Evangelien?

In den neutestamentlichen Kanon sind vier Evangelien aufgenommen worden. Alle Texte erzählen von dem Leben und der Botschaft Jesu, sie haben aber alle unterschiedliche Schwerpunkte. Da diese Vielfalt erhalten bleiben sollte, wurden sie alle in das Neue Testament aufgenommen. Bei allen Evangelien ist der Verfasser unbekannt. Sie sind jeweils einem Begleiter von Jesus zugeschrieben. Seit dem vierten Jahrhundert werden die vier Evangelien durch Symbole dargestellt. Diese kann man oft in Kirchen oder auf Gemälden finden.
Im Markus-Evangelium wird besonders von Gottes Liebe und dem Reich Gottes, das mit Jesus anfängt, berichtet. Sein Symbol ist der geflügelte Löwe.
Im Matthäus-Evangelium wird verstärkt darauf hingewiesen, dass Jesus der im Alten Testament angekündigte Retter der Menschen ist. Sein Symbol ist der geflügelte Mensch.
Das Lukas-Evangelium betont die Bedeutung der Botschaft Jesu für die Armen und Ausgestoßenen. Sein Symbol ist der geflügelte Stier.
Im Johannes-Evangelium spielt der Glaube an Jesus als Weg zu Gott eine große Rolle. Dieses Göttliche kommt in seinem Symbol, dem Adler, zum Ausdruck.

Über Jesus und seine Botschaft erfahrt ihr noch mehr in dem Kapitel »Wer war eigentlich Jesus?«

Aufgaben

1. »Die Bibel ist nicht einfach vom Himmel gefallen.« Halte auf der Grundlage der Texte auf dieser Doppelseite einen kleinen Vortrag zu dieser Aussage.
2. Ein Arbeitsamt sucht einen Evangelisten. Verfasse eine Stellenanzeige, in der die Aufgaben dieses Berufes deutlich werden. Beziehe dich dabei auch auf die Abbildung auf dieser Seite.
3. Welchen Inhalt hatte die Botschaft Jesu genau, von der die Evangelien berichten? Untersuche dazu die Seiten 86–89 im Kapitel »Wer war eigentlich Jesus?« und fasse die wichtigsten Erfahrungen der Menschen zusammen.

Zum Weiterdenken!

Auch an anderen Stellen der Bibel, z. B. bei den Schöpfungserzählungen, sind mehrere verschiedene Texte in die Sammlung aufgenommen worden. Versuche die Gründe dafür zu erklären.

Ein Buch mit vielen Büchern

Infobox: Wie ist die Bibel aufgebaut?

Die Entstehungsgeschichte der Bibel macht deutlich: Die Bibel ist nicht einfach ein Buch, sondern sie ist ein Buch mit vielen Büchern.
Grundsätzlich besteht die Bibel aus zwei Teilen: dem Alten und dem Neuen Testament. Weite Teile des Alten Testamentes sind identisch mit den Heiligen Schriften des Judentums. Um diesen Teil der Bibel durch die Bezeichnung »alt« nicht abzuwerten, spricht man genauer von der »hebräischen Bibel«.
Über diese Aufteilung hinaus gibt es mehrere Sammlungen: In den Geschichtsbüchern werden Erfahrungen, die die Menschen mit Gott oder Jesus gemacht haben, berichtet. In den Lehrbüchern geht es auch um diese Erfahrungen. Jedoch sind in ihnen Lieder und besondere Sprüche gesammelt. Zu den prophetischen Büchern gehören die, die von bestimmten Männern berichten, die die Menschen im Auftrag Gottes an seinen Willen und seine Vorstellung von einer friedlichen Zukunft erinnert haben. Um das Bemühen, den Willen Gottes richtig umzusetzen, geht es auch in den Briefen. Diese wurden an die ersten christlichen Gemeinden verschickt, um sie besonders in der Zeit ihrer Gründung zu unterstützen.

Aufgaben

1. Ein Teil der biblischen Bücher ist ungeordnet auf einem Haufen gelandet. Ordne sie den im Informationstext beschriebenen Sammlungen zu.
2. Die Bibel ist eine Sammlung sehr unterschiedlicher Darstellungen der Erfahrungen mit Gott. Sammelt Gründe, warum sie alle aufgenommen wurden, und diskutiert, ob ihr das richtig findet.

Die Bibel gibt es in über 600 verschiedenen Sprachen

\multicolumn{3}{c}{Griechisch}
Name	Zeichen	Laut
Alpha	Α, α	a
Beta	Β, β	b
Gamma	Γ, γ	g
Delta	Δ, δ	d
Epsilon	Ε, ε	e
Zeta	Ζ, ζ	z
Eta	Η, η	ē
Theta	Θ, θ	th
Iota	Ι, ι	i
Kappa	Κ, κ	k
Lambda	Λ, λ	l
My	Μ, μ	m
Ny	Ν, ν	n
Xi	Ξ, ξ	x
Omikron	Ο, ο	o
Pi	Π, π	p
Rho	Ρ, ρ	r
Sigma	Σ, σ	s
Tau	Τ, τ	t
Ypsilon	Υ, υ	y
Phi	Φ, φ	ph
Chi	Χ, χ	ch
Psi	Ψ, ψ	ps
Omega	Ω, ω	ō

Ursprünglich waren die biblischen Texte auf hebräisch bzw. altgriechisch geschrieben. Sie wurden inzwischen aber in über 600 Sprachen übersetzt. Jeder Übersetzer überlegt genau, wie er den ursprünglichen Text wiedergeben will. Für einige Worte gibt es mehrere Übersetzungen. Man kann sich zudem enger am Urtext orientieren oder freier mit ihm umgehen. Deshalb ist jede Übersetzung immer auch gleichzeitig eine Auslegung des ursprünglichen Textes.

Der Urtext des Alten und Neuen Testaments

Psalm 23,1

אֶחְסָר׃	לֹא	רֹעִי,	יְהוָה
echsar	lo	Ro'i,	Adonai
mangeln mir wird	nichts	Hirte mein ist	Herr Der

Matthäus 7,12

Πάντα	οὖν	ὅσα ἐὰν	θέλητε	ἵνα	ποιῶσιν	ὑμῖν	οἱ ἄνθρωποι
panta	oun	hosa ean	thelête	hina	poiôsin	humin	hoi anthrôpoi
Alles	nun	was	ihr wollt	das	tun sollen	euch	die Leute

οὕτως	καὶ	ὑμεῖς	ποιεῖτε	αὐτοῖς
houtôs	kai	humeis	poieite	autois
das	auch	ihr	tut	ihnen

Infobox

Die Sprache Althebräisch hat sich im ersten Jahrtausend v. Chr. entwickelt. Sie wird heute nirgendwo in der Welt noch gesprochen und ist v. a. die Sprache des **Alten Testaments** bzw. der Tora der Juden. Ursprünglich war sie ohne Selbstlaute, diese sind erst später in Form von Punkten dazu gekommen. Sie wird von rechts nach links gelesen.
Das **Neue Testament** ist ursprünglich auf altgriechisch geschrieben. Jesus selbst hat zwar aramäisch gesprochen, Altgriechisch war aber im Mittelmeerraum als Schriftsprache üblich. Einige Buchstaben des Altgriechischen sind aus der Mathematik bekannt. Das Neugriechisch, das heute in Griechenland gesprochen wird, hat sich aus dem Altgriechischen entwickelt.

Aufgaben

1. Lest euch den althebräischen und den altgriechischen Text laut vor.
2. Schreibe deinen Namen oder einen kurzen Text in altgriechischen Buchstaben.
3. Wer Theologie studieren will, um Pastor oder Pastorin zu werden, muss Althebräisch und Altgriechisch lernen. Erkläre, warum die Kenntnis dieser Sprachen für jemanden, der die Bibel auslegen will, wichtig ist.

2 Menschen erzählen von ihren Erfahrungen mit Gott

Martin Luther predigt, Lukas Cranach d. Ä., Ausschnitt

Übersetzungen der Bibel

Im 5. Jahrhundert wurde die Bibel ins Lateinische übersetzt. Latein war damals die Sprache der Gelehrten in Universität und Kirche. Die normalen Gläubigen konnten sie nicht verstehen. Sie mussten sich den Inhalt der Bibel erzählen lassen. Auch halfen Bilder, um die biblischen Erzählungen zu vermitteln. Die Menschen wünschten sich aber eine Bibel in ihrer eigenen Sprache.

Auch wenn es schon vorher einzelne Texte in deutscher Übersetzung gab, hat Martin Luther die erste vollständige Bibelübersetzung herausgegeben: 1522 die des Neuen Testaments, 1535 die des Alten Testaments. Ihm war es so wichtig, dass alle Menschen die Bibel selbst lesen und verstehen konnten, dass er auch Bibliotheken und Schulen für alle forderte. Durch den kurz vorher von Gutenberg entwickelten Buchdruck konnten Luthers Schriften schnell gedruckt und verbreitet werden.

Heute ist das Neue Testament in über 1334 Sprachen übersetzt. Die ganze Bibel ist in fast 650 Sprachen erhältlich. Es gibt aber auch viele verschiedene deutsche Übersetzungen. Einige bemühen sich, den Urtext so genau wie möglich zu beachten. Andere wollen die Texte eher interpretieren oder das Lesen erleichtern. Im evangelischen Gottesdienst wird meistens die Lutherbibel benutzt, im katholischen Gottesdienst die Einheitsübersetzung.

Auf S. 19 könnt ihr noch mehr über das erfahren, was Luther wichtig war.

Aufgaben

1. Erstelle aus dem Informationstext ein Interview zwischen einem Reporter und Martin Luther.
2. Suche dir eine biblische Erzählung aus und male ein Bild für jemanden, der nicht lesen kann.
   ODER
   Schreibe eine **biblische Erzählung** so um, dass du sie jemandem, der nicht lesen kann, gut erzählen kannst.
   Achte bei beiden Aufgaben darauf, wie du die jeweils enthaltene Erfahrung der Menschen mit Gott zum Ausdruck bringen willst.
3. Lest euch eine Bibelstelle aus verschiedenen Bibelausgaben gegenseitig vor und vergleicht sie.
4. Martin Luther setzte sich sehr dafür ein, dass alle Menschen die Bibel verstehen konnten. Untersuche auf S. 19 im Kapitel »Der Mensch und seine Religion«, warum ihm das persönlich so wichtig war.

Welche Bedeutung haben die Heiligen Schriften der Juden, Christen und Muslime?

Ein Toraschreiber setzt die letzten hebräischen Buchstaben auf eine neue Torarolle

Auf folgenden Seiten könnt ihr lesen, was die Jüdin Sophie zu ihrer Religion sagt: 21, 23, 25.

Bat oder Bar Mizwa (Tochter oder Sohn der Pflicht): Fest für die jüdischen Mädchen und Jungen im Alter von ungefähr 12 Jahren, in dem der Bund Gottes mit den Menschen erneuert wird

Synagoge: Jüdisches Versammlungs- und Gottesdiensthaus

Prozession: Feierlicher Umzug

Die Tora

Die Tora ist die Heilige Schrift der Juden. Sie besteht aus einer großen Pergamentrolle, auf der die fünf Bücher Mose von einem extra dafür ausgebildeten jüdischen Toraschreiber auf Hebräisch geschrieben sind. Das Schreiben ist sehr aufwendig, weil es sorgsam und fehlerfrei durchgeführt werden muss. Das zeigt, wie wertvoll den Juden die Tora ist.

Eine fertige Torarolle wird mit einem kostbaren Mantel und einer Krone aus Holz oder Metall oder mit bekrönenden Aufsätzen (Rimonim) auf den Rollstäben geschmückt und in einen Toraschrein gestellt. Auch dieser ist prunkvoll gestaltet und wird nur an besonderen Tagen geöffnet.

Pergament und Schrift einer Torarolle dürfen nicht mit den Fingern berührt werden. Beim Vorlesen oder Vorsingen benutzen die Juden daher einen Torafinger (Jad), einen kleinen Zeigestab in Fingerform, um auf die Buchstaben und Zeilen zu zeigen.

Auch bei Festen spielt die Tora eine große Rolle. So müssen die Jugendlichen bei ihrer Bat oder Bar Mizwa das erste Mal im Gottesdienst einen Abschnitt aus der Tora vortragen. In jedem Jahr gibt es zudem ein Tora-Freudenfest, an dem die Freude über die göttlichen Weisungen gefeiert wird. Es heißt »Simchat Tora«. Manchmal wird dabei sogar mit der Tora durch die Synagoge getanzt. Bekommt eine Gemeinde eine neue Torarolle, wird diese in einer festlichen Prozession eingeweiht.

Torarolle, Jad, Toramantel mit Rimonim (hebräisch = Granatäpfel)

Toraschrein zur Aufbewahrung der Torarollen

2 Menschen erzählen von ihren Erfahrungen mit Gott

Altar mit aufgeschlagener Bibel

Die Bibel

Auch für die Christen spielt ihre Heilige Schrift, die Bibel, eine zentrale Rolle. Sie gilt als Zeugnis der Erfahrungen der Menschen mit Gott, das immer wieder neu ausgelegt werden muss. Es gibt allerdings Unterschiede zwischen dem Verständnis der evangelischen und der katholischen Christen.

Für die Protestanten ist die Bibel die Quelle des Glaubens. Sie gilt als Zeugnis der Erfahrungen der Menschen mit Gott. Deshalb liegt in den evangelischen Kirchen oftmals eine aufgeschlagene Bibel auf dem Altar. Im Gottesdienst steht die Auslegung der biblischen Texte, also die Predigt, im Mittelpunkt.

Auch die katholischen Christen beziehen ihren Glauben auf die Inhalte der Bibel. Auch im katholischen Gottesdienst wird eine Predigt gehalten. Neben der Bibel gilt aber auch die kirchliche Tradition als Quelle des Glaubens, also das, was an kirchlichen Erkenntnissen im Laufe der Jahrhunderte bedeutsam geworden ist.

Immer wieder wird die hohe Bedeutung, die die Bibel im Christentum hat, durch besonders schön gestaltete Bibelausgaben zum Ausdruck gebracht. Besonders im Mittelalter entstanden prunkvolle Buchmalereien. Sie waren vollständig mit der Hand geschrieben und aufwendig verziert und kosteten so viel wie ein kleiner Bauernhof. Deswegen konnten sich nur sehr wenige Menschen eine eigene Bibel leisten.

Pastorin bei einer Predigt

Mittelalterliche Buchmalerei

Menschen erzählen von ihren Erfahrungen mit Gott **2**

Mittelalterliche Buchmalerei

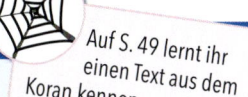

Koranlesung in einer Moschee

Kalligrafie, hier kunstvolle Darstellung von »Der Prophet Muhammad«

Rituell: Besondere religiöse Vorstellungen beachtend
Bilderverbot: Sehr alte Überlieferung, nach der Gott nicht in Bildern dargestellt werden darf
Kalligrafie: Kunst des Schönschreibens, im Islam von besonderer religiöser Bedeutung

Der Koran

Im Umgang mit dem Koran gibt es zwar bestimmte Regeln, verehrt werden soll er aber nicht. Vielmehr ist sein Inhalt, also das Wort Gottes, das, worauf sich die Muslime konzentrieren sollen.

Trotzdem gibt es im Umgang mit dieser Heiligen Schrift verschiedene Regeln zu beachten, um seine Besonderheit zu verdeutlich: So darf der Koran nicht auf den Boden gelegt werden. Deshalb soll man ihn zu Hause möglichst oben in ein Regal legen. In der Moschee gibt es besondere Ständer, die Rahle genannt werden. Will ein Gläubiger den Koran lesen, muss er vorher eine besondere rituelle Waschung vollziehen, um anschließend dafür rituell rein zu sein.

Den Koran sollte ein Muslim möglichst in arabischer Sprache lesen, also in seinem Urtext. Das liegt daran, dass der Inhalt als Gottes Wort gilt, das dem Propheten Muhammad offenbart worden ist und das durch eine Übersetzung verfälscht werden könnte. Nur in seiner ursprünglichen Sprache ist der Koran heilig. Werden Übersetzungen gebraucht, wird immer der arabische Urtext mit abgedruckt, damit man die Übersetzung prüfen kann. Das Lernen der arabischen Sprache spielt deshalb im Islam weltweit eine große Rolle. Viele Muslime lernen aber auch große Teile des Korans auswendig. Dann können sie ihn besser vortragen, denn das ist die eigentliche Verehrung des Korans.

Im Islam wird das Bilderverbot sehr streng ausgelegt. Deshalb sind viele Koranausgaben und Moscheen durch Kalligrafien kunstvoll verziert.

Auf S. 49 lernt ihr einen Text aus dem Koran kennen.

Aufgaben

1. Entwerft ein Gespräch zwischen einem Juden, einem Muslim und einem Christen über die Bedeutung ihrer Heiligen Schriften. Bezieht euch dabei auch auf die Bilder auf diesen Seiten.
2. Suche dir einen besonderen Text. Gestalte ihn so wertvoll, wie du das an den Beispielen hier siehst.
3. Die Religionen gehen mit ihren Heiligen Schriften in besonderer Weise um. Es gibt aber auch Orte, Zeiten oder Personen, die einigen Menschen heilig sind. Untersuche im Kapitel »Was ist mir heilig?«, wie sie das jeweils für sie Besondere zum Ausdruck bringen.

»Wir Menschen sind Entdecker«

Alexander Gerst in der ISS

Alexander Gerst wurde für das europäische Astronautenprogramm ausgewählt. Ein halbes Jahr lang umkreiste er mit der internationalen Raumstation ISS die Erde und führte Experimente durch. Dabei umrundete er die Erde über 2500 mal. Viele seiner Gedanken hat er über Twitter mitgeteilt und in einem Buch veröffentlicht.

»… Ich freue mich erstaunlicherweise am meisten auf die kleinen Dinge, die unseren Alltag zu Hause doch ganz besonders machen. Wir vergessen das oft, weil es uns auf der Erde normal erscheint. Aber nirgendwo sonst im gesamten, gigantischen Universum können wir – nach unserem jetzigen Wissensstand – einen Wald im Wind rauschen hören. Im Sommerregen joggen. Auf eine Bergspitze klettern und tief durchatmen. Die Rinde eines Baumes berühren. Frisch geschnittenes Gras riechen. Im Meer schwimmen gehen.

Wir haben so viele Möglichkeiten auf unserer kleinen im Kosmos schwebenden Steinkugel. Das wird uns hier oben bewusst, weil wir zwar das Nötigste mit dabeihaben, um im Orbit zu überleben. Mehr aber auch nicht. Dort draußen kommt lange einfach nur ›nichts‹. Unser Planet ist ein einzigartiger Ort, eine unwahrscheinliche, kleine Ausnahme: eine verletzbare Oase in einem schwarzen, kalten Universum.«

Raumstation ISS

Extraterrestrisch: Außerirdisch

»Ich zeige ihnen (den Freunden) mit der Kamera unseren Ausblick auf einen extraterrestrischen Sonnenuntergang.

Ich habe solche Sonnenuntergänge bereits Hunderte Male gesehen, doch heute läuft mir ein Schauer über den Rücken. Ich realisiere, dass es daran liegt, dass ich ihn diesmal durch die Augen meiner Freunde sehe.

Merkwürdig: Manche Erlebnisse werden so viel intensiver, wenn wir sie teilen können.«

Der Mensch und die Schöpfung 3

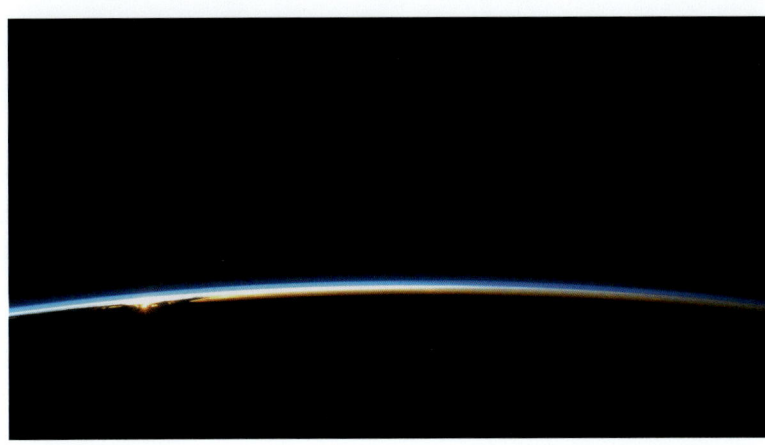

Sonnenaufgang im All

Spezies: Art

»Wir sind in der Nacht über den Nahen Osten geflogen – und haben dabei eher zufällig kleine Feuerkugeln, Blitze und zuckende Leuchtspuren bemerkt. Bei jedem Lichtblitz sterben dort unten Menschen! Es ist bedrückend, den Krieg selbst von hier oben aus zu erkennen.

Ein Gedankenexperiment: Würden Außerirdische die Erde beobachten, wäre dies wohl ihr erster Eindruck von uns – dass wir, die dominanten Bewohner dieses Planeten, nicht nur die eigenen Lebensgrundlagen ausbeuten, sondern uns auch noch ständig gegenseitig umbringen. Wie soll man das einem Fremden erklären? Würden sie uns als intelligentes Leben oder gar als friedfertige Spezies ansehen? Ist das wirklich das Bild, das wir im Kosmos von uns vermitteln wollen?«

»Wir fliegen nachts über Europa und dabei stelle ich mir kurz vor, wie dieser Anblick vor 200 Jahren ausgesehen hätte: ziemlich schwarz nämlich. Jetzt funkelt, blinkt und glänzt da unten ein riesiges Lichtermeer: Städte, Verkehrsadern, Industriegebiete. An der italienischen Küste sehen wir regelmäßig Feuerwerke – typisch um 23 Uhr Ortszeit. Die hellsten Lichter aber leuchten im Meer: Sie stammen von den Fischfangflotten, die bei Nacht so die Fische anlocken. All das ist problemlos mit bloßem Auge vom Weltraum aus zu erkennen. Diese Lichter führen uns vor Augen, wie stark wir Menschen das Antlitz unserer Heimat im All in extrem kurzer Zeit verändern haben. Wie wird das in 200 weiteren Jahren aussehen?«

Nächtliches Lichtermeer

Aufgabe

Schreibe Alexander Gerst eine Nachricht ins All, in der du ihm eine Rückmeldung auf seine Texte gibst. Achte dabei darauf, wie er von seinen Beobachtungen berichtet. Du kannst zudem eigene Naturerfahrungen mit einbringen.

Wie ist die Welt entstanden? Erzählungen verschiedener Religionen

Die Erschaffung des Menschen im germanischen Mythos

Die Erinnerung an den germanischen Glauben ist vor allem in den Schriften der »Edda« überliefert. Sie ist eine Sammlung von skandinavischen Götter- und Heldenliedern, die im 13. Jahrhundert aufgeschrieben wurden, aber mündlich schon viel länger überliefert wurden. Mit Midgard wird die schöne fruchtbare Erde bezeichnet.

Unter den warmen Strahlen der Sonne bedeckte sich Midgard im Laufe der Zeiten mit Gräsern und Kräutern, Blumen und rauschenden Wäldern. Große und kleine Tiere begannen es zu bevölkern. Allein noch fehlte darin der Mensch, das Ebenbild der Götter, dem diese das Land in der Mitte der Erde zur Heimstatt bestimmt hatten. Eines Tages gingen Odin, Hönir und Loki am Meeresstrand entlang und kamen zu zwei Bäumen, der Esche und der Ulme. »Aus diesen beiden Bäumen«, sprach Odin zu seinen Brüdern, »lasst uns Menschen machen, auf dass Midgard, die schöne fruchtbare Erde, von ihnen und ihren Nachkommen bewohnt und bebaut werde und wir an ihrem Tun und Treiben, Ringen und Streben, Blühen und Gedeihen Freude haben!«

So sprach Odin, der Allvater, und sie schufen aus der Esche einen Mann und aus der Ulme ein Weib. Odin verlieh ihnen Geist und Leben, Hönir gab Verstand und Bewegung hinzu, Loki spendete ihnen die Sinne, Gefühle, blühende Farbe und Sprache. So stand das erste Menschenpaar vor den Göttern, und Odin streckte seine Hand aus über Midgard und sprach zu den Neuerschaffenen: »Seht! Das Land ist eure Heimat! Hier sollt ihr fortan wohnen, Tiere züchten und zähmen, das Land bebauen und die Früchte der Bäume und des Feldes essen – ihr und eure Kindeskinder!« Da folgten sie seinem Gebot; und von ihnen stammen alle Völker germanischer Zunge, welche das weite Midgard bewohnen.

Hubertus Halbfas

Die Weltenesche, alte germanische Vorstellung von der Welt

Aufgabe

Fasse zusammen, wie die Erschaffung des Menschen, seine Eigenschaften und besonderen Aufgaben im germanischen Mythos dargestellt sind.

Die Schöpfungserzählung aus dem Islam

Gott erschafft Himmel und Erde

Gott erschuf Himmel und Erde in makelloser Weise. Er schuf Himmel und Erde in gerechter Weise. Euer Herr ist Gott, der Himmel und Erde in sechs Tagen erschaffen und sich dann auf den Thron gesetzt hat. Er lässt die Nacht den Tag verdunkeln, der immer wieder auf sie folgt. Sonne, Mond und Sterne folgen seinem Befehl. Stehen ihm nicht allein das Erschaffen und die Befehlsgewalt über alles zu? Gott ist voller Segen, er ist der Herr der Welten. Er ist es, der die Erde ausbreitete und feststehende Berge und Flüsse auf ihr entstehen ließ. Er erschuf auf ihr Früchte aller Art und ein Paar von jeder Tierart. Er lässt die Nacht und den Tag sich abwechseln. Hierin liegen Zeichen für ein nachdenkliches Volk.

Der Lebensraum des Menschen

Die, die sowohl an Gott denken als auch über die Erschaffung von Himmel und Erde nachdenken, werden sagen: »Unser Herr, du hast nichts umsonst erschaffen. Wir loben dich! Schütze uns vor den Qualen des Feuers!« Dies sind Zeichen für Menschen, die ihren Verstand gebrauchen: die Erschaffung von Himmel und Erde, der Wechsel von Tag und Nacht, Schiffe, die das Meer mit dem befahren, was dem Menschen nützlich ist. Dass Gott Regen vom Himmel herabschickt, so dass der Boden wieder belebt wird, nachdem er abgestorben war, dass er jedes Lebewesen auf der Erde sich ausbreiten ließ, der Lauf der Winde sowie die Wolken, die sich zwischen Himmel und Erde bewegen. In seiner Barmherzigkeit schuf er für euch die Nacht und den Tag, damit ihr Menschen darin ruhen könnt und euch um Gott bemüht und dankbar seid.

Ausschnitt aus einem Koran

Aufgabe

Vergleiche diese Schöpfungserzählung mit der der Germanen. Achte dabei darauf, wie hier von der Welt, dem Menschen und von Gott gesprochen wird.

Die erste biblische Schöpfungserzählung

Wie Gott die Welt erschuf

Am Anfang schuf Gott Himmel und Erde. Alles war dunkel und ohne Ordnung und Wasser bedeckte alles. Noch lebte kein Mensch und es gab weder Tiere noch Pflanzen. Aber Gott war da. Und Gott sprach: »Es soll hell werden.« Da wurde es hell. Gott freute sich über das Licht. Er nannte es Tag; die Dunkelheit nannte er Nacht. So ging der erste Tag zu Ende.

Und Gott sprach: »Jetzt soll ein Gewölbe entstehen.« Das Gewölbe trennte das Wasser in zwei Teile, oben und unten. Gott nannte das Gewölbe Himmel. So ging der zweite Tag zu Ende.

Gott sprach: »Das Wasser, das die Erde bedeckt, soll sich in großen Becken sammeln, damit das Land und das Wasser getrennt sind.« Gott nannte das Land Erde; die großen Wasser nannte er Meere. Dann befahl er: »Auf der Erde sollen Bäume und Büsche, Blumen und Gräser wachsen. Sie sollen Früchte und Samen tragen und die Erde grün und bunt machen.« Da wuchsen aus dem Boden Bäume und Büsche, Blumen und Gräser. Gott freute sich, weil alles gut war. So ging der dritte Tag zu Ende.

Schöpfungsbild der Lutherbibel, Lukas Cranach d. Ä.

Gott sprach: »Am Himmel sollen Lichter leuchten. Sie sollen nicht nur den Tag, sondern auch die Nacht hell machen. Nach diesen Lichtern soll man auch die Zeit einteilen können: die Tage, die Wochen, die Monate, die Jahre und die Feste.« Gott schuf zwei große Lichter: die Sonne für den Tag, den Mond für die Nacht; dazu auch viele kleine Lichter: die Sterne. Alles war gut und Gott hatte Freude daran. So ging der vierte Tag zu Ende.

Gott sprach: »Im Wasser und in der Luft sollen Tiere leben.« So schuf er die großen und die kleinen Fische, die Krebse und Krabben, die Adler und Spatzen und sprach zu ihnen: »Vermehrt euch und bevölkert die Meere und die Luft.« Gott freute sich, denn alles war gut. So ging auch der fünfte Tag zu Ende.

Gott sprach: »Jetzt soll es auch noch Tiere geben, die auf der Erde leben: Kühe und Rehe, Ziegen und Schafe; auch wilde Tiere wie Löwen und Nashörner. Dazu Käfer und Schmetterlinge, Schnecken und Würmer.« Gott hatte Freude an allem, denn es war gut.

Er sprach: »Ich will noch Lebewesen schaffen, die mir ähnlich sind.« Und Gott schuf den Menschen zu seinem Bilde, zum Bilde Gottes schuf er ihn; und schuf sie als Mann und Frau. Er segnete die Menschen und sprach zu ihnen: »Euch vertraue ich alles an, was lebt: die Fische, Vögel und die anderen Tiere, den Wald mit allen Bäumen, die Blumen und die übrigen Pflanzen. Geht sorgsam mit allem um!«

Jetzt schaute Gott an, was er geschaffen hatte. Alles war gut und an allem hatte er Freude. So ging der sechste Tag zu Ende.

Am siebten Tag ruhte Gott von seiner Arbeit aus. Er sprach: »Dieser Tag gehört mir. Er ist ein heiliger Tag. Ein Ruhetag.«

Werner Laubi

Aufgaben

Zum Weiterdenken!

Viele Völker haben ihre eigenen Schöpfungserzählungen. Versuche zu erklären, warum das so ist.

1. Erarbeite aus dieser biblischen Schöpfungserzählung die Aussagen über Gott und über den Menschen.
2. Vergleiche diese Erzählung mit der Schöpfungserzählung in Gen 2,4b–25, aber auch mit den Texten aus dem germanischen Mythos und dem Koran.
3. Lukas Cranach d. Ä. hat in seinem Schöpfungsbild verschiedene biblische Vorstellungen aufgenommen. Finde sie heraus. Gestalte ein eigenes Schöpfungsbild.
4. Im Christentum wird von Gott als dem Schöpfer gesprochen. Er hat aber noch weitere Eigenschaften. Untersuche daraufhin im Kapitel Gott besonders die Seiten 98–100. Stelle die Eigenschaften zusammen und suche nach Erklärungen für diese Vielfalt.

Wie erklärt sich die naturwissenschaftliche Forschung die Entstehung von Welt und Mensch?

Edwin Hubble: US-amerikanischer Astronom, 1889–1953

Wie alt ist das Weltall? Der Urknall

Wie um Himmels Willen soll man das Alter des Weltalls berechnen? Ohne den Astronauten Edwin Hubble hätten wir das nie erfahren. Denn er machte eine wichtige Entdeckung, die unser Weltall oder Universum betrifft. Er sah, dass es aus unzähligen Sternensystemen bestehen musste. Das war an sich schon etwas Besonderes, aber er entdeckte auch, dass sich all diese Sternensysteme voneinander wegbewegten. Stell dir die Sternensysteme wie kleine Punkte auf einem leeren Ballon vor. Wenn du den Ballon aufbläst, geraten die Punkte immer weiter auseinander. So funktioniert das auch mit den Sternensystemen.

Angenommen, du machst einen Film vom Weltall, das immer größer und leerer wird, und du lässt diesen Film rückwärts laufen. Was passiert dann? Die Sternensysteme kommen immer dichter zueinander. Das Weltall wird kleiner und kleiner. Und kleiner. Und kleiner. So lange, bis die unglaublich große Menge von Sternen, Monden und Planeten zu einem winzig kleinen Punkt zusammengepresst ist, der noch kleiner ist als das Hunderttausendmillionenmilliardste von einem Millimeter: Ist das wirklich so passiert? Viele Astronomen bestätigen das.

Die meisten Astronomen denken, das gigantische Weltall sei aus einem unvorstellbar kleinen Teilchen entstanden, das explodierte. Auf diese Weise sei alles entstanden, was es jetzt im Weltall gibt. Indem man berechnet, mit welcher Geschwindigkeit all diese Sterne auseinanderfliegen, kann man dahinterkommen, wann dieser »Urknall« stattgefunden hat. Nun ja, das ist leicht gesagt. Die Gelehrten sind sich da auch noch nicht ganz sicher. Momentan haben sie sich darauf geeinigt, dass das Weltall 13,8 Milliarden Jahre alt ist. Älter könnte durchaus sein, aber nicht viel jünger.

Jan Paul Schutten

Geht alles Leben auf einen einzigen Vorfahren zurück?
Die Evolutionstheorie

Charles Darwin: Britischer Naturforscher, 1809–1882

Das Wichtigste an Darwins Entdeckung war, dass sich Tiere und Pflanzen im Laufe der Zeit verändern können. Nicht von einem auf den anderen Tag, aber doch im Laufe von Jahrzehnten, Jahrhunderten, Jahrtausenden oder Millionen von Jahren. Und genau so ist es. Die Bedingungen auf der Erde verändern sich stetig. Zu manchen Zeiten war unser Planet zum größten Teil mit Eis bedeckt, in anderen war sogar das Eis am Nord- und Südpol geschmolzen. Was früher Flachland war, ist heute Berglandschaft. Meere trockneten aus und wurden zu Wüsten, gefrorener Boden taute auf und es entstanden Urwälder. Und umgekehrt natürlich!

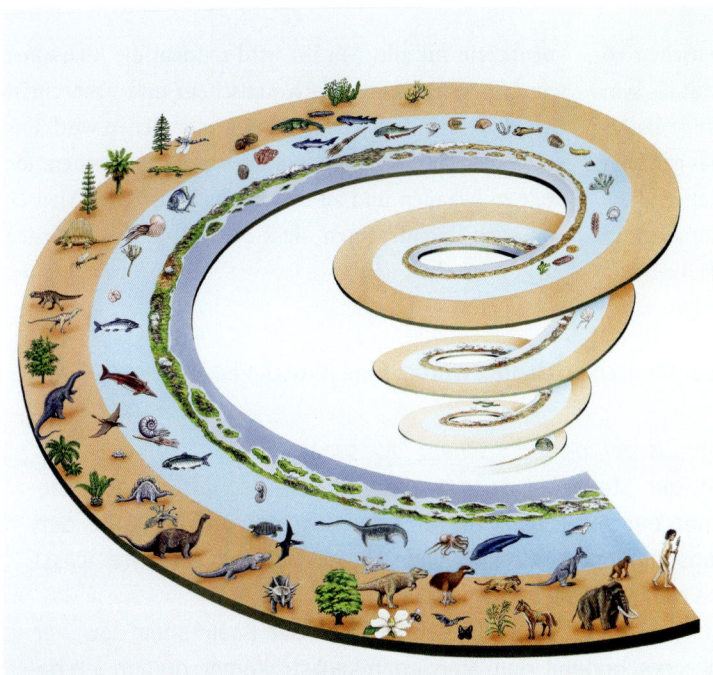

Die Erde veränderte sich und alles, was darauf lebt, muss sich mit verändern. Die Art, die sich am besten anpasst, hat die größte Überlebenschance. Ein anderes Wort für Veränderung ist »Evolution«. Daher nennen wir Darwins Entdeckung die »Evolutionstheorie«. Darwin hatte entdeckt, dass es enorm viele Übereinstimmungen zwischen allerlei Tier- und Pflanzenarten gibt. Seiner Ansicht nach mussten alle Arten einst einen gemeinsamen Vorfahren gehabt haben. Dessen Nachkommenschaft verzweigte sich dann im Laufe der Jahre, genau wie ein Baum. Wenn du also lange genug zurückgehst, Milliarden von Jahren, dann landest du bei einem gemeinsamen Vorfahren.

Jan Paul Schutten

Aufgaben

1. Auf diesen beiden Seiten geht es darum, wie sich die Naturwissenschaft die Entstehung der Welt und des Lebens erklärt. Erarbeite aus diesen Informationen und aus deinem Vorwissen einen kleinen Vortrag. Erstelle dazu auch ein **Plakat.**
2. Vergleiche die naturwissenschaftlichen Erklärungen mit den Schöpfungserzählungen und mit den Aussagen von Alexander Gerst. Finde heraus, welche unterschiedlichen Anliegen diese Darstellungen jeweils haben.

»… und Gott schuf den Menschen zu seinem Bilde«

Bill Watterson, Calvin & Hobbes

Viele Religionen glauben, dass Gott den Menschen so geschaffen hat, dass er ihm ähnlich ist, das heißt als sein Ebenbild. Im alten Ägypten z. B. galten die Könige als Abbild oder als Stellvertreter Gottes auf Erden. Das galt aber nur für Könige. Die normalen Menschen besaßen diese Auszeichnung nicht. Im Judentum – und damit auch im Christentum – hingegen galt die Gottebenbildlichkeit von vornherein für alle. Mit ihr wird seitdem die Menschenwürde begründet, die nach jüdischem und nach christlichem Verständnis jedem Menschen verliehen wird. Eng verbunden damit ist der Auftrag an den Menschen, die Welt zu bebauen und zu bewahren. Denn jeder Mensch soll auch darauf achten, dass die Würde des Nächsten nicht missachtet wird.

Wie der Mensch erschaffen wurde: Eine jüdische Erzählung

Baal Schem Tow: »Besitzer des guten Namens«, Ehrentitel für den Begründer des Chassidismus, einer besonderen jüdischen Frömmigkeitsrichtung

> *Rabbi Israel, der Baal Schem Tow, sagte:*
> »An der Stelle der Schrift, die von der Erschaffung des Menschen berichtet, heißt es: ›Und der Herr sprach: ›Lasst uns den Menschen machen!‹ – Mit wem sprach Gott, als er sagte: ›Lasst uns den Menschen machen‹?«
> »Er sprach«, so erklärte Rabbi Israel, der Baal Schem Tow, »er sprach schon mit dem Menschen selbst: ›Komm, du und ich gemeinsam, wir wollen uns den Menschen erschaffen! Denn wenn du mir nicht helfen willst, kann auch ich dich niemals zu einem richtigen Menschen machen.‹«

Zum Weiterdenken!
Macht es deiner Meinung nach einen Unterschied, ob ich einen anderen Menschen als Ansammlung von Zellen oder als Ebenbild Gottes sehe? Begründe deine Ansicht.

Aufgaben

1. Dass der Mensch Würde besitzt, ist eine zentrale Vorstellung in den Religionen. Sammelt zunächst, was damit gemeint ist.
2. Schreibe einen Artikel für ein Kinderlexikon zur »Ebenbildlichkeit«. Beziehe dabei sowohl das Missverständnis des Jungen in der Karikatur als auch den Inhalt aus den Texten auf dieser Seite mit ein.

»Macht euch die Erde untertan!«

Auf den Seiten 65–69 werden euch drei Menschenrechtler vorgestellt, die sich besonders für andere Menschen eingesetzt haben. Und was die anderen Religionen dazu sagen, könnt ihr auf der Seite 22 lesen.

Neuassyrisches Rollsiegel, 750–700 v. Chr.

Infobox: Bebauen und Bewahren

Dem Ausdruck »Macht euch die Erde untertan!« liegt ein Bild zugrunde, wonach jemand seinen Fuß auf einen Gegenstand oder auf ein Lebewesen setzt. Wie altorientalische Bilder zeigen, soll das ein Symbol des Schutzes und der Fürsorge sein. Es ist ähnlich, wenn wir sagen »über jemand seine Hand halten, auf jemand seine Hand legen«, um auszudrücken, dass wir ihn schützen und sein Leben vor Angriffen bewahren wollen. So ist die Formulierung »herrscht über die Fische, die Vögel … und über alle Tiere« zu verstehen. Das hier verwendete Wort für »herrschen« bezeichnet das Umherziehen des Hirten und seiner Herde, der seine Herde auf gute Weise führt, der die Tiere gegen alle Gefahren schützt, sie vor Raubtieren verteidigt und die schwachen Tiere seiner Herde gegen die starken schützt und dafür sorgt, dass auch sie genügend Wasser und Nahrung finden.

Ein solcher Hirte war in Israel ein Bild für die Amtsführung eines guten und gerechten Königs, der sich ganz für sein Volk einsetzt, der vor allem die Rechte der Schwachen schützt und allen ein glückliches Leben garantiert. Wenn der Mensch als ›Abbild Gottes‹ bezeichnet wird, dann soll damit gesagt werden, dass es die Aufgabe des Menschen ist, das fürsorgliche Verhalten Gottes gegenüber allem, was lebt und existiert, zum Ausdruck zu bringen.

Erich Zenger

Altorientalisch: Ungefähr 10.000 Jahre alte Kultur

Aufgaben

1. Beschreibe das neuassyrische Rollsiegel und erkläre diese Abbildung unter Zuhilfenahme des Informationstextes.
2. Entwirf im Stil des Rollsiegels eine Abbildung, die uns heute die Bedeutung des Schöpfungsauftrags verdeutlichen könnte. Beziehe dabei auch die aktuelle Umweltverschmutzung mit ein.

Kleine Idee mit großer Wirkung

Öfen für Afrika

Hätte Anne Odhiambo einen Ofen, dann müsste sie statt fünf Stunden nur noch eine Stunde kochen. In der gesparten Zeit könnte sie in ihrem Dorf Marenyo im Westen Kenias arbeiten. Die Armen dieser Welt würden allein durch den Besitz von Öfen jeden Tag hochgerechnet Hunderte Millionen Arbeitsstunden gewinnen.

Hätte Anne Odhiambo einen Ofen, dann müsste sie nicht länger den Rauch eines offenen Feuers einatmen. Daran sterben jährlich zwischen zwei und vier Millionen Menschen in den Entwicklungsländern – mehr als an Malaria.

Malaria: Tropenkrankheit, an der jährlich etwa eine Million Menschen sterben

Hätte Anne Odhiambo einen Ofen, dann würde sie zwei Drittel weniger Holz verbrauchen. Bislang werden in Kenia jährlich 3,5 Millionen Tonnen Feuerholz geschlagen. Wenn die Böden Kenias sich wieder erholen sollen, dürfte man höchstens 1,5 Millionen Tonnen Feuerholz roden.

Bislang aber kocht Anne Odhiambo, Mitte 30, jeden Tag am offenen Feuer. Oft gibt es einen Eintopf aus Mais und Bohnen für sie, ihren Mann und die fünf Kinder. Ständig muss sie in ihrem schwarzen, verbeulten Eisentopf umrühren. Die meiste Hitze erreicht nicht den Kochtopf, sondern entweicht zu den Seiten. Mit der Hitze kommt der Rauch. Immer wieder muss Anne Odhiambo husten. Auf die Lehmwand ihrer Kochhütte hat sich Ruß gelegt. Jede halbe Stunde legt sie einen neuen Scheit ins Feuer. Der Holzhändler verlangt für einen Tagesvorrat die Hälfte dessen, was ihr Mann am Tag verdient. Also sammelt sie ihr Holz oft selbst in einem Waldstück. Um genug Holz für drei Tage zusammenzuklauben, braucht sie sechs Stunden.

Kochen auf einem herkömmlichen Ofen

Weltweit müssen rund drei Milliarden Menschen, so schätzt die Weltgesundheitsorganisation, täglich auf offenem Feuer kochen. Abhelfen könnte ein kleiner Pyrolyseofen, der ohne Brennholz auskommt. Aus Ernteresten werden Pellets gepresst, die fast ohne Rauchentwicklung brennen und sogar Holzkohle als Beiprodukt machen. Die Verwendung dieser Kocher hat also viele Vorteile: Die Rauchentwicklung geht deutlich zurück, die Pellets sind viel günstiger als das Holz zu haben, Ernteeste werden verwendet, Holzkohle, die man als Bodenverbesserer einsetzen kann, wird produziert. Der Kochvorgang geht schneller und die Frauen müssen kein Holz mehr suchen, beides spart viel Zeit. Zudem wird das Klima geschont, da die Rauchentwicklung nicht nur gesundheits-, sondern auch klimaschädlich ist.

Pyrolyse: Besonders heißer Verbrennungsprozess
Pellets: Kugeln

Inzwischen gibt es mehrere Hilfsorganisationen, die sich für die Entwicklung guter Öfen und deren Verbreitung einsetzen. Sie entwickeln Öfen, die die landesüblichen Kochgewohnheiten berücksichtigen, fördern die Herstellung und den Verkauf durch Einheimische, geben Kurse, in denen die Besitzer den Umgang mit den Öfen lernen können, und fördern den Aufbau von Pressen, die die Pellets herstellen. Allerdings kostet ein Ofen ungefähr 50 Euro, ein Preis, der für uns machbar klingt, für einen Haushalt in den Entwicklungsländern aber unerschwinglich ist.

Kochen mit einem Pyrolyseofen

Aufgaben

1. Gestaltet einen Flyer, der für das Projekt »Kinder beschützen – Klima bewahren«, das die Anschaffung von Pyrolyseöfen fördert, werben soll. Begründet euer Konzept.
2. Wie könnte man hier in Deutschland die Schöpfung bewahren? Sammelt konkrete Ideen aus eurem Alltag. Achtet bei euren Vorschlägen darauf, dass sie gut umzusetzen sind.

4 SICH EINSETZEN FÜR FRIEDEN UND GERECHTIGKEIT

Wie sollen die Menschen leben?

Unter dem Titel »die Gesellschafter« wurden vor einigen Jahren im Auftrag der *Aktion Mensch* Personen und Organisationen gefragt, wie die Gesellschaft aussehen muss, in der sie leben wollen.

Aufgabe

Überlegt, wie eure Antwort auf diese Frage aussehen würde. Dazu könnt ihr z. B. zunächst eine Liste machen, in der alle Werte und Regeln, die ihr wichtig findet, stehen. Versucht dann eine Rangfolge zu finden und eure Entscheidung zu begründen.

Aus Glauben leben …

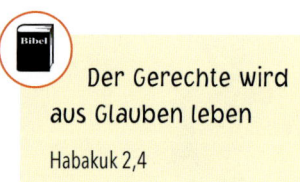

Der Gerechte wird aus Glauben leben

Habakuk 2,4

Auf die Frage »Wie sollen die Menschen leben?« versucht auch die Bibel immer wieder Antworten zu geben. Im Buch Habakuk finden wir die Aufforderung, aus Glauben zu leben. Aber was heißt das und wie sieht ein Leben aus dem Glauben aus?

Zum einen kann es bedeuten, dass der Glaube der Grund des gerechten Lebens ist; etwa so wie in dem Satz: »alles Leben entspringt aus dem Wasser«. Es bedeutet aber zum anderen auch, dass der Glaube eine ganz genaue Vorstellung davon hat, was ein gerechtes Leben ist und wie ein solches gerechtes Leben konkret aussieht.

Dies ist eine der zentralen Fragen der Bibel: Wie sollen wir Menschen denn unser Leben führen, sodass es gut für uns selbst und die anderen Geschöpfe dieser Welt ist? Und was sind die Dinge, die bei uns überhaupt nicht richtig laufen?

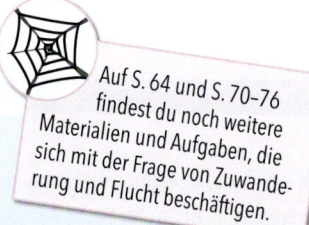

Auf S. 64 und S. 70–76 findest du noch weitere Materialien und Aufgaben, die sich mit der Frage von Zuwanderung und Flucht beschäftigen.

Missstände benennen

Häufig beginnt der Weg in eine »bessere Welt« damit, zunächst zu gucken, was alles nicht so gut ist und geändert werden sollte …

Zu wahr

Kannst du mir sagen, dass das alles schon in Ordnung ist.
Dass die Welt ok ist, so wie sie geworden ist?
Kannst du mir sagen, dass die Zeiten hier gerecht sind?
Wenn vor deinem Auge dein Zuhause einfach wegschwimmt?
Wenn man vor lauter Hunger lang schon nicht mehr Hunger sagt.
Kein Tropfen Wasser und kein Schatten hat bei 100 Grad.
Jeder Fanatiker und jedes Kind 'ne Waffe hat.
Und das im Namen von dem, der uns alle erschaffen hat.
Oder Flüchtlinge, die Kurs nehmen auf Garten Eden.
Aber nie mehr in ihrem Leben einen Hafen sehen.
Wenn in Indonesien über Tausenden das Dach brennt.
Und du dich feierst, denn dein T-Shirt kostet 8 Cent.
Vögel voll mit Öl oder Plastik im Bauch.
Immer wenn ich diese Bilder sehe, raste ich aus.
Ich mein', ich weiß du kannst mich hören, aber kannst du mich verstehen?
Wo ist die Hoffnung hin? Ich hab sie lang nicht mehr gesehen.

Es gibt immer einen Weg, daran glaub ich.
Alle kehren's untern Teppich, doch ich trau mich.
Es wird Zeit, dass es endlich jemand ausspricht.
Es ist traurig, traurig aber wahr.
Du da, alles läuft aus dem Ruder.
Wir wollen immer mehr, doch da ist nirgendwo ein Ufer.
Das ist alles leider zu wahr, es ist zu wahr, zu wahr, um schön zu sein […]

Ich kann meine Hände auch nicht in Unschuld waschen. Wer kann das schon?
Ich hoffe nur, dass der Song dich ein bisschen zum Nachdenken bringt.
Ich weiß, es ist nicht immer einfach, ein guter Mensch zu sein,
aber es kommt auf den Versuch an. Lass es uns versuchen.

Sido

Aufgaben

1. Zu dem Lied »Zu wahr« von Sido gibt es kein Video. Erkläre die im Liedtext benannten Missstände und überlege, wie ein Video zu den Aussagen des Textes aussehen könnte.

 2. Erstelle eine Collage ODER schreibe ein Gedicht oder einen Liedtext zu Missständen, die dir in deinem Leben begegnen.

4 Sich einsetzen für Frieden und Gerechtigkeit

Prophet sein – Was heißt das?

Auch in der Bibel treten immer wieder Menschen auf, die den Leuten im Namen Gottes sagen, welches Handeln Gott gefällt. Dazu benennen sie immer wieder auch die Missstände, die aus Gottes Perspektive behoben werden müssen.

Teilweise sprechen diese Propheten auch recht deutlich darüber, wie zornig Gott über die Untaten der Menschen ist und welche Strafen sie erwarten, wenn sie sich nicht ändern.

In dem folgenden Bibeltext aus dem Buch *Habakuk* findet ihr eine solche Rede.

Das Wort »Prophet« kommt aus dem Griechischen und bedeutet »Rufer«, »Verkünder«, »Berufener«.

»Tod und Verderben über dich, weil du fremdes Eigentum bei dir aufhäufst! Wie lange willst du es noch so treiben? Völker behandelst du, als wären sie deine Schuldner!
Aber ganz plötzlich werden die Ausgebeuteten aufstehen und dir mit gleicher Münze heimzahlen; der Räuber wird ausgeraubt!
Wie du die Völker ausgeplündert hast, so werden die Völker dann dich ausplündern und du wirst bestraft für die Blut- und Schreckensherrschaft, die du in allen Städten und Ländern ausgeübt hast.
Tod und Verderben über dich, weil du mit unredlichen Mitteln deinen Besitz vermehrst! Das bringt dir und deinen Nachkommen kein Glück.«

Habakuk 2,6–9

Zum Weiterdenken!
An manchen Stellen in der Bibel wirkt Gott gar nicht so »lieb«. Kann Gott auch wütend sein?

Aufgaben

In dem Bibeltext oben findest du einen Ausschnitt aus dem biblischen Prophetenbuch *Habakuk*.
1. Lies ihn zunächst in Ruhe und schreibe heraus, welche Missstände dort benannt werden und welche Folgen den Menschen drohen.
2. Vergleiche anschließend die genannten Missstände mit denen, die ihr auf der vorherigen Seite in eurem Leben gefunden habt.

Sich einsetzen für Frieden und Gerechtigkeit **4**

Vielleicht kennst du den Spruch »Ein Bild sagt mehr als tausend Worte!«. Manchmal ist es noch effektiver, einfach etwas zu tun statt zu reden oder etwas zu tun, um das Gesagte zu unterstreichen. Solche *Symbolhandlungen* sind immer sehr eindrucksvoll und erregen Aufmerksamkeit. Auch viele Propheten im Alten Testament haben ihre Botschaft so verdeutlicht.

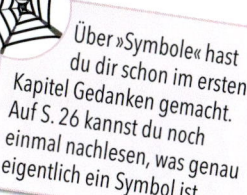
Über »Symbole« hast du dir schon im ersten Kapitel Gedanken gemacht. Auf S. 26 kannst du noch einmal nachlesen, was genau eigentlich ein Symbol ist.

	**1. Könige 11,29 ff.:** Der Prophet Ahija verkündet Jerobeam, dass Gott die zwölf Stämme Israels aufteilen wird und er König der zehn Stämme im Nordreich werden soll. Dazu zerreißt er seinen Mantel in zwölf Teile und gibt Jerobeam zehn davon.
	Jesaja 20: Der Prophet Jesaja muss nackt und barfuß umhergehen und verdeutlicht so, dass Gott den Ägyptern alles nehmen wird, was sie besitzen.
	Jeremia 19: Zur Verdeutlichung für den Zorn Gottes über den Unglauben der Israeliten zerschmettert der Prophet Jeremia symbolisch einen Krug. Er unterstreicht so die Aussage Gottes, dass er zur Strafe die Stadt Ben-Hinnom zerstören wird.
	Jeremia 27: An einer anderen Stelle muss Jeremia ein Joch tragen – eine Art Zaumzeug, das man Ochsen auflegt, damit sie Dinge ziehen können. Damit drückt er aus, dass Gott alle Völker dem babylonischen König Nebukatnezar unterwerfen wird und sie für ihn arbeiten müssen.
	**Hosea 1:** Gott befiehlt dem Propheten Hosea als Botschaft an das Volk Israel seine Kinder Lo-Ruhama – das heißt »keine Gnade« – und Lo-Ammi – das heißt »nicht mein Volk« zu nennen.
	**Hesekiel 4:** Der Prophet Hesekiel muss 390 Tage auf seiner linken Seite und 40 Tage auf seiner rechten Seite schlafen. Er trägt so symbolisch die Schuld des Nordreiches von 390 Jahren und die des Südreiches von 40 Jahren.

Aufgaben

1. Lies die Symbolhandlungen aus der Bibel. Notiere dann die Symbolhandlung, die
   a. deiner Meinung nach die meiste Wirkung hat,
   b. die deiner Meinung nach die geringste Wirkung hat,
   c. die sich auch auf heute übertragen lässt.
   Tauscht euch in Partnerarbeit über eure Ergebnisse aus.
2. Betrachte die drei Bilder oben und überlege, wofür die jeweilige Symbolhandlung stehen könnte. Nennt weitere Symbolhandlungen, die euch aus der Gegenwart einfallen.

4 Sich einsetzen für Frieden und Gerechtigkeit

In der kleinen Geschichte rechts lernst du den Propheten Amos kennen, den Gott beauftragt hat Missstände seiner Zeit anzusprechen.

Amos ist in Samaria angekommen. Während er durch die Straßen geht, hat er das Gefühl, eine völlig neue Welt zu sehen. So etwas kennt er nicht aus seinem kleinen Dorf Tekoa im Südreich Juda. In Samaria gibt es riesige Paläste und Leute, die unfassbar reich zu sein scheinen.

Er hat heute eine Frau auf dem Markt gesehen, die wurde die ganze Zeit von vier Dienern auf einer Art Stuhl getragen. Wie ist das wohl, wenn man so reich ist, dass man nicht einmal mehr selber laufen muss? Wie fühlt es sich wohl an, den ganzen Tag getragen zu werden? Und wie fühlt es sich wohl an, wenn man den ganzen Tag in dieser Hitze jemand anderes tragen muss?

Denn es sind wirklich nicht viele Menschen, die zu den Reichen gehören. Die allermeisten leben in ganz ärmlichen Verhältnissen. Viele haben kein richtiges Zuhause und können sich kaum genug zu essen leisten. Mit einem der vielen Bettler hat Amos sich unterhalten. Der Mann hat erzählt, dass er früher ein kleiner Bauer war. Dann hat sich aber vieles verändert und die reichen Händler, die Mächtigen und die Priester haben alles unter sich aufgeteilt. Für die einfachen Menschen war es bald unmöglich, die Dinge, die sie nicht selbst anbauen oder herstellen konnten, zu kaufen. Die Händler wollten immer mehr Geld haben. Daher haben die meisten Menschen nach und nach alles an die ganzen wenigen Reichen verloren …

Es ist also alles so, wie Amos es befürchtet hat. Vieles in Samaria ist anders, als es sein sollte. Und er muss es den Menschen – besonders den Mächtigen der Stadt – sagen.

Ausgerechnet er!

Die Dinge, die er diesen Leuten sagen muss, hört niemand gern. Und ihn mögen sie ja sowieso nicht, weil er aus dem Südreich kommt, das mit dem Nordreich hier schon so lange zerstritten ist. Manche sagen sogar, sie seien verfeindet. Auf was hat er ich da nur eingelassen …

Aufgaben

1. Schreibe zu der Geschichte einen Tagebucheintrag von Amos. Achte besonders darauf, dass du seine Gefühle dabei benennst. Wovor hat er Angst, was sind seine Ängste, Sorgen und Hoffnungen? Beginne mit dem Satz: »Endlich bin ich nach langer Reise in Samaria angekommen …«
2. Um Amos' Weg nachzuvollziehen, kann dir die Karte helfen. Finde auf ihr seine Heimatstadt Tekoa, die Grenze zum Nordreich Israel und Samaria, die Stadt in der Amos angekommen ist.

Amos muss reden – Handeln aus dem Glauben

Nachdem er sein Tagebuch »auf den neusten Stand« gebracht hat, erinnert Amos sich, wie und warum er überhaupt in diesem fremden Land gelandet ist. Sein Leben war im Grunde perfekt, er gehörte zu den angesehenen Leuten in seinem kleinen Dorf und seine Geschäfte liefen gut. Seine Ziegenherden vergrößerten sich ständig und er bekam auf dem Markt gute Preise für seine geernteten Maulbeerfeigen.

Aber dann fingen plötzlich diese komischen Träume und diese unguten Gefühle an. Er sah nachts immer wieder verschiedene Dinge, die darauf aufmerksam machten, dass es nicht allen so gut geht und dass die Welt, so wie sie ist, nicht in Ordnung ist. Und er fühlte immer stärker, dass er etwas dagegen tun muss. Er konnte doch nicht nur zu Hause sitzen und zusehen, wie so viele Menschen Hunger leiden und so wenige Menschen im Überfluss leben. Nein, er war sich ganz sicher, dass das weder von Gott gewollt ist, noch auf Dauer gut gehen kann. Eine ganze Zeit lang ignorierte er diese Gedanken und die Träume, aber schließlich ging es nicht länger. Er spürte immer deutlicher, dass Gott ihm diese Träume schickte, weil er etwas von ihm verlangt. Er musste den Leuten sagen, dass sie gegen den Willen Gottes handeln, dass Gott von ihnen ein anderes Verhalten fordert. Natürlich hielt seine Frau ihn zunächst für verrückt. Schließlich ist er überhaupt kein guter Redner und schließlich lässt sich niemand gerne sagen, dass er falsch lebt. Aber trotzdem war Amos sich sicher, dass er handeln muss. Sein Glaube verlangte es von ihm, Gott verlangte es von ihm. Glaube an Gott und Handeln gehören nun einmal zusammen, davon ist Amos fest überzeugt. Gott will, dass es allen Menschen gut geht und sie miteinander fair und gerecht umgehen. Und wer gegen diesen Willen Gottes verstößt, der muss darauf hingewiesen werden. Auch das gehört zum Handeln aus Glauben an Gott …

Aufgaben

1. Überlege, inwiefern sich die die Botschaft von Amos von der von Sido unterscheidet.
2. Nicht jeder Mensch, der Missstände benennt, ist direkt ein Prophet. Stelle eine Kriterienliste auf, woran man einen echten Propheten Gottes erkennen kann.

4 Sich einsetzen für Frieden und Gerechtigkeit

Wie können wir heute helfen?

Diakonie in Niedersachsen stellt Sprach-App für Flüchtlinge vor

Eine neue Sprachlern-App der Diakonie in Niedersachsen soll Flüchtlingen den Weg in den deutschen Alltag erleichtern. Bis zu 800 häufig benutzte Vokabeln kann die App in 50 Sprachen übersetzen – und ermöglicht den Neuankömmlingen so, selbstständig Deutsch zu üben.

Aufgaben

ما هي دياكوني؟

دياكوني هي هيئة الخدمة الاجتماعية في الكنائس البروتستانتية. وهي تعتبر نفسها مؤسسة خيرية مكرّسة لمساعدة الأشخاص الذين يعيشون هامش المجتمع والذين يعتمدون على المساعدة و الضعفاء. بالإضافة إلى تقديم المساعدة، تعتبر دياكوني نفسها مدافعاً عن الضعفاء، و توضح علناً أسباب الفاقة الاجتماعية للسياسيين وللمجتمع.

للمزيد من المعلومات عن دياكوني زوروا موقعنا:

www.diakonie-in-niedersachsen.de

1. Der Kasten links ist aus dem Flyer, mit dem die Diakonie bei Flüchtlingen für ihre App wirbt und sich vorstellt. Recherchiere selbst, was die Diakonie ist und welche Ziele sie verfolgt.
2. Informiere dich über soziale Projekte, die deine Heimatgemeinden betreibt. Hierzu kannst du z. B. ihre Homepage besuchen oder jemanden aus dem Kirchenvorstand interviewen.

Aufgabe

Auf den folgenden Seiten werden drei Personen vorgestellt, die sich intensiv für die Rechte von anderen Menschen eingesetzt haben bzw. einsetzen. Stehen sie in der Tradition der alttestamentlichen Propheten? Erarbeitet die folgenden Seiten und entscheidet dann, ob ihr eine Verbindung seht.

Rupert Neudeck: Alle Menschen sind gleich

Bronzetafel in Hamburg mit Danksagung der vietnamesischen Geflüchteten

Danksagung

In tiefster Dankbarkeit gegenüber dem deutschen Volk, der Bundesregierung, der Freien und Hansestadt Hamburg, dem Heimatort aller Cap Anamur Schiffe für die freundliche Aufnahme der vietnamesischen Flüchtlinge auf der Flucht vor den Kommunisten über das Südchinesische Meer.
In großer Dankbarkeit für das von Dr. Rupert Neudeck gegründete Komitee Cap Anamur, das 11.300 vietnamesische Flüchtlinge rettete. …
Wir gedenken aller Flüchtlinge, die auf dem Weg in die Flucht ihr Leben gelassen haben.
Die vietnamesischen Flüchtlinge in Deutschland, 12. September 2009

> Mein Motiv ist tatsächlich christlich. Ich könnte mir das alles nicht vorstellen ohne diese Grundlage. Der Grundsatz, dass alle Menschen gleich sind, kommt bei mir aus dem Glauben. Ich habe immer versucht, das Christentum zu leben, ganz radikal.

Rupert Neudeck (1939–2016):
Ein Leben für die Unterstützung Geflüchteter

Rupert Neudeck wurde 1939 in Danzig geboren. Er studierte u. a. katholische Theologie. Später arbeitete er als Journalist. Anlässlich der großen Not vietnamesischer Flüchtlinge gründete er 1979 zusammen mit seiner Frau Christel die Hilfsorganisation Cap Anamur. Mit einem Frachtschiff rettete er Tausende von Flüchtlingen auf ihren Booten aus dem Südchinesischen Meer und erreichte, dass sie in Deutschland aufgenommen wurden. Er selbst verstand seine Hilfe immer als Umsetzung der Botschaft Jesu. Sein Lieblingstext war das Gleichnis vom Barmherzigen Samariter (Lk 10,29–37). Neudeck starb im Mai 2016.

Zum Weiterdenken!

In vielen Erzählungen des Alten und Neuen Testaments spielt die Unterstützung von Fremden eine große Rolle. Warum?

Aufgaben

Schreibe einen Artikel für die Schülerzeitung über Rupert Neudeck und die Organisation Cap Anamur. Arbeite dabei besonders die Motivation für sein Engagement heraus.

Malala Yousafzai: Alle Kinder haben ein Recht auf Bildung

Vereinte Nationen: Zusammenschluss von 193 Staaten zur Sicherung des Weltfriedens und zum Schutz der Menschenrechte

Am 12. Juli 2013, ihrem 16. Geburtstag, hielt Malala Yousafzai eine Rede vor den Vereinten Nationen. Die Vereinten Nationen haben diesen Tag zum Malala-Tag erklärt, der künftig jedes Jahr an das Recht aller Kinder auf Bildung, insbesondere von Mädchen, erinnern soll.

Zitate aus Malalas Rede

»Der Malala-Tag ist nicht mein Tag, heute ist der Tag jeder Frau, jedes Jungen und jedes Mädchens, die ihre Stimme für ihre Rechte erhoben haben.«

»Liebe Freunde, am 9. Oktober 2012 haben die Taliban auf mich geschossen und meine linke Stirn getroffen. Auch auf meine Freunde haben sie geschossen. Sie haben gedacht, dass die Kugeln uns zum Schweigen bringen würden, aber sie sind gescheitert. Denn aus der Stille kamen tausende Stimmen. Die Terroristen dachten, sie könnten meine Ziele verändern und meinen Ehrgeiz stoppen. Aber in meinem Leben hat sich nichts verändert mit einer Ausnahme: Schwäche, Angst und Hoffnungslosigkeit sind verschwunden, Stärke, Kraft und Mut sind geboren.«

»Das ist das Mitgefühl, das ich von Muhammad gelernt habe, dem Propheten der Barmherzigkeit und von Jesus Christus und Buddha. Das ist das Erbe des Wandels, das ich von Martin Luther King, Nelson Mandela und Muhammad Ali Jinnah übernommen habe. Das ist die Philosophie der Gewaltlosigkeit, die ich von Gandhi, Badshah Khan und Mutter Teresa gelernt habe. Und das ist die Versöhnlichkeit, die ich von meinem Vater und meiner Mutter gelernt habe. Meine Seele sagt mir: ›Sei friedfertig und liebe alle.‹«

Analphabetismus: Fehlende Lese- und Schreibfähigkeit

»Also lasst uns einen weltweiten Kampf wagen, gegen Analphabetismus, Armut und Terrorismus, lasst uns unsere Bücher und Stifte holen, sie sind unsere stärksten Waffen. Ein Kind, ein Lehrer, ein Buch und ein Stift können die Welt verändern. Bildung ist die einzige Lösung. Bildung zuerst.«

Über die Religion der Muslima Malala könnt ihr auf folgenden Seiten mehr erfahren: 45, 49, 116, 125, 127, 129.

Sich einsetzen für Frieden und Gerechtigkeit 4

Bildung für Mädchen in Pakistan und weltweit

Friedensnobelpreis: Wichtigster internationaler Friedenspreis

Malala Yousafzai setzt sich für das Recht auf Bildung für Mädchen ein. Dafür hat sie im Jahr 2014 den Friedensnobelpreis bekommen. Den Preis erhält sie für ihren Einsatz für Schulkinder in ihrem Heimatland Pakistan. Außerdem hat sie im September 2013 den internationalen Friedenspreis für Kinder bekommen und ist seit 2017 UN-Friedensbotschafterin.

Ihre Heimat Pakistan ist ein streng-muslimisches Land, Frauen und Mädchen haben nur wenige Rechte. Zur Schule gehen gehört nicht dazu. Deshalb hat sich Malala viele Feinde gemacht. Terroristen haben sogar versucht, sie zu töten. Aber sie hat überlebt und setzt sich weiterhin ein.

In ihrer Dankesrede sagte sie: »Wir müssen unseren Kampf fortsetzen, damit alle Kinder auf der ganzen Welt die Chance, die Möglichkeit und das Recht haben, zur Schule zu gehen.«

Malala ist oft in der Öffentlichkeit und eröffnet zum Beispiel Büchereien oder hält Reden. So will sie erreichen, dass irgendwann wirklich alle Kinder auf der Welt in die Schule gehen dürfen.

Pakistanische Mädchen im Unterricht

Aufgabe

Welche Gründe könnten die Verantwortlichen gehabt haben, Malala den Friedensnobelpreis zu geben? Führt eine Sitzung durch, auf der diese Entscheidung diskutiert wird.

Janusz Korczak: Wie man ein Kind lieben soll

In seinem Buch »Wie man ein Kind lieben soll« forderte Janusz Korczak schon 1919 die Anerkennung von Grundrechten für Kinder. Er wollte die Erwachsenen wachrütteln: Sie sollten ihre Denk- und Handlungsweisen gegenüber Kindern überdenken und sie als vollwertige Persönlichkeiten achten. Janusz Korczak stütze seine Grundgesetzte für Kinder auf drei Pfeiler.

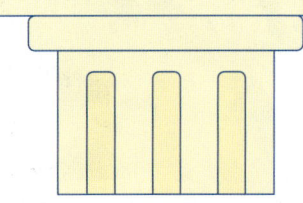

I.
Das Recht des Kindes, als Kind geachtet zu werden und nicht als kleiner Erwachsener.

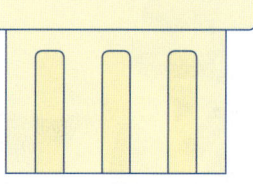

II.
Das Recht des Kindes in seiner kindlichen Sichtweise geachtet zu werden und die Chance zu haben im Hier und Jetzt zu leben.

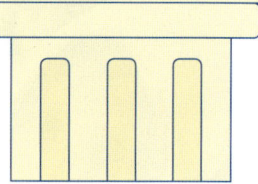

III.
Das Recht des Kindes seine eigenen Erfahrungen machen zu dürfen und die Möglichkeit zu haben, sich frei zu entfalten. Die damit verbundenen Ängste und Verbote der Erwachsenen sollten überdacht und gegebenenfalls geändert werden.

Diese Forderungen Korczaks wurden damals zum Ausgangspunkt für weltweit geforderte Kinderrechte.

Sich einsetzen für Frieden und Gerechtigkeit **4**

Janusz Korczak (1878–1942): Ein besonderer Einsatz für arme Kinder

Ghetto: Abgetrenntes Stadtviertel, in dem die jüdische Bevölkerung leben musste

Janusz Korczak wurde am 22. Juli 1878 in Warschau geboren und wuchs in einer jüdischen Familie auf. Er studierte Medizin in Warschau, war Schriftsteller und Lehrer. Er wohnte in den Arbeitervierteln von Warschau und behandelte als ausgebildeter Arzt die armen Leute des Wohnviertels kostenlos.

Sein besonderer Einsatz galt aber den armen und verwahrlosten Kindern. Als er 1912 gefragt wurde, ein Waisenhaus zu leiten, gab er dafür seinen Arztberuf auf. In dem Waisenhaus legte er großen Wert auf die Mitbestimmung der Kinder und die Einhaltung ihrer Rechte. Er gründete mit ihnen zusammen Kinderparlamente, in denen sie die Regeln des Zusammenlebens selbst bestimmten.

Im Zweiten Weltkrieg musste er im Zusammenhang der Judenverfolgung mit den Kindern aus seinem Waisenhaus in das Warschauer Ghetto umziehen. Als die Kinder von den Nationalsozialisten umgebracht werden sollten, ging er mit ihnen. Der vermutete Todestag von Janusz Korczak ist der 5. August 1942.

Der Schulhof der Janusz-Korczak-Schule in Voerde

> Janusz Korczak war Jude. Über seine Religion könnt ihr auf folgenden Seiten mehr erfahren: 43, 116, 124, 127, 129, 133.

Aufgaben

Zum Weiterdenken!

Sind Malala, Rupert Neudeck oder Janusz Korczak moderne Propheten?

1. Janusz Korczak hat in seinem Waisenhaus ein Kinderparlament gegründet. Sammelt mögliche Themen und führt eine Parlamentssitzung durch, auf der die drei Grundgesetze für Kinder berücksichtigt werden.
2. Die Janusz-Korczak-Schule in Voerde hat ihren Schulhof besonders gestaltet. Inwiefern hat sie das Anliegen von Janusz Korczak berücksichtigt? Hast du weitere Ideen?
3. Vergleiche die drei Grundgesetze für Kinder mit den Kinderrechten des Kinderhilfswerkes UNICEF und mit der Goldenen Regel (S. 22). Finde mögliche Erklärungen für die Ähnlichkeiten und Unterschiede.

4 Sich einsetzen für Frieden und Gerechtigkeit

Die Geschichte einer Flucht

Führe parallel zur Lektüre der folgenden Seiten ein Lesetagebuch, in dem du zum Beispiel festhältst,
- was du wann gelesen hast,
- welche Figuren auftreten und wie sie charakterisiert sind,
- welche Situationen beschrieben sind,
- welche persönlichen Eindrücke du bei der Lektüre hast
- …

Du kannst zu wichtigen Inhalten auch eigene Bilder und Illustrationen gestalten. Die Illustrationen an den Rändern der Kapitelseiten können dabei eine Anregung sein. Überprüfe jeweils den Zusammenhang zwischen den Illustrationen und den daneben stehenden Texten.

Als Neun- oder Zehnjähriger verlässt Enaiat sein Heimatdorf Nawa in Afghanistan. Im Alter von 15 Jahren kommt er in Turin an, wo er als politisch Verfolgter anerkannt wird und bleiben kann. Der Schriftsteller Fabio Geda lernt ihn dort kennen und erzählt mit ihm zusammen seine Geschichte.

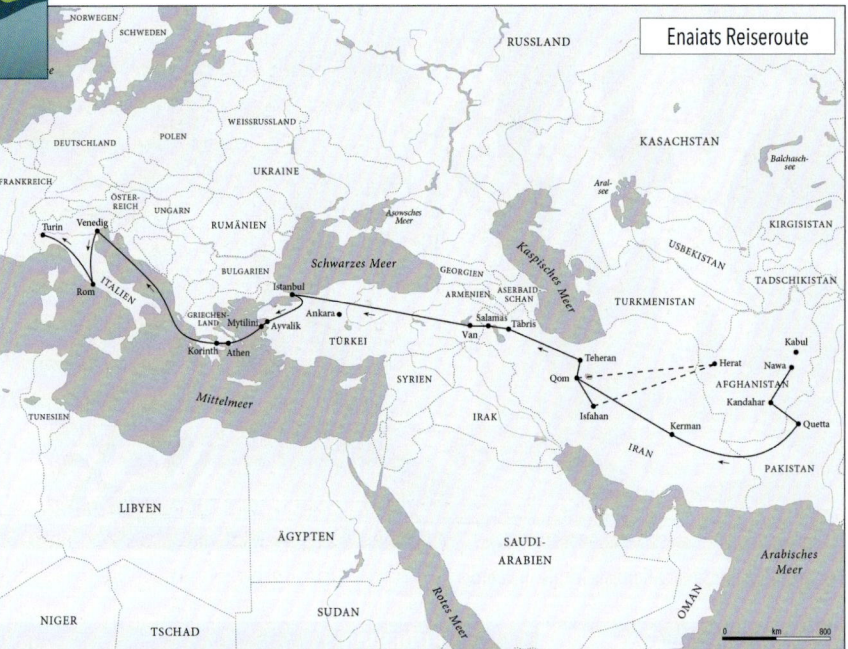

Aufgaben

1. Verfolge Enaiats Fluchtweg: Wie viele Kilometer hat er zurückgelegt? Vergleiche die Entfernung mit deinen eigenen Reisen.
2. Bevor du einige Textabschnitte aus dem Buch kennenlernst: Welche Erfahrungen hat Enaiat auf seiner langen Flucht wohl gemacht? Mit welchen Schwierigkeiten hatte er zu kämpfen? Notiere deine Überlegungen.
3. Betrachte das Cover des Buches: Erkläre, wie du den Titel verstehst. Wie passen deiner Meinung nach Titel und Abbildung zusammen?

Allein in der Fremde

Ich habe einfach nicht damit gerechnet, dass sie wirklich weggeht. Wenn man als Zehnjähriger abends einschläft, an einem ganz normalen Abend, und deine Mutter drückt deinen Kopf vor dem Schlafengehen länger an ihre Brust als sonst und sagt: Drei Dinge darfst du nie im Leben tun, Enaiat *jan*, niemals, versprich es mir. Erstens: Drogen nehmen. Manche duften und schmecken gut, und wenn sie dir vorgaukeln, mit ihnen ginge es dir besser als ohne, hör nicht auf sie, versprich es mir! – Versprochen. Zweitens: Waffen benutzen. Auch wenn jemand dich oder deine Ehre beleidigt, versprich mir, dass deine Hand niemals zu einer Pistole, einem Messer, einem Stein, ja nicht einmal zu einem Holzlöffel greifen wird, wenn dieser Holzlöffel dazu dient, einen Menschen zu verletzen. Versprich es mir! – Versprochen. Drittens: Stehlen. Was dir gehört, gehört dir. Was dir nicht gehört, nicht. Du wirst allen gastfreundlich und großzügig begegnen. Versprich es mir. – Versprochen. Also, auch wenn dir deine Mutter beim Einschlafen solche Dinge sagt, mit einer leisen, sonderbaren Stimme, selbst dann fällt es dir schwer zu glauben, dass ihre Worte *khoda negahdar* bedeuten: Lebewohl.

Später versteht Enaiat, dass seine Mutter ihn in allergrößter Not, aus Angst um das Leben ihrer Familie, fortgeschickt hat. Sie hoffte, dass er als ältestes von drei Kindern den Weg in eine bessere Zukunft schaffen könnte.

Dabei wollte ich nie aus Nawa weg. Mein Dorf war wunderschön. Es gab keinen Strom. Doch stattdessen gab es Äpfel. Ich konnte zusehen, wie das Obst wuchs. Die Blüten knospten vor meine Augen und verwandelten sich in Früchte. Und dann die Sterne, jede Menge Sterne. Das war Nawa, und ich wollte nie von dort weg.

Allein in Pakistan
Ich suchte nach Onkel Rahim. Ich fragte, ob ich bei ihm arbeiten könne. Ich würde alles tun, angefangen vom Bodenwischen bis hin zum Schuheputzen, egal, was. Nicht zuletzt, weil ich eine Riesenangst davor hatte, den *Samavat* zu verlassen. Dann sagte er: Aber nur heute. Nur heute? Und morgen? Morgen musst du dir eine andere Unterkunft suchen.

Samavat: Herberge

Aufgaben

1. Verfasse einen Brief an Enaiat, in dem du auf seine Erfahrungen und Gedanken eingehst.
2. Beschreibe Enaiats Situation mit geeigneten Adjektiven.
3. Stelle in einem Text oder einem Bild deine persönliche Vorstellung von Heimat dar.

Angst

Die sechs Jahre seiner Flucht sind geprägt von schwerer Arbeit und Geldsparen für Schlepper, die Menschen heimlich über die Grenze in ein anderes, sicheres Land bringen. Immer wieder gibt es Rückschläge, Enaiat wird von der Polizei aufgegriffen und wieder nach Afghanistan abgeschoben.

Erstens: Ich bringe euch an einen von mir bestimmten Ort.
Zweitens: Ihr arbeitet dort, wo ich es sage.
Drittens: Die ersten vier Monate behalte ich euren Lohn ein.

Die Baustelle war unser Sonnensystem. In den ersten Monaten setzten weder Sufi noch ich je einen Fuß vor die Baustelle. Wir hatten Angst vor der iranischen Polizei, wir hatten Angst in *Telisia* oder *Sang Safid* zu landen: zwei berüchtigte Durchgangslager. Zwei Konzentrationslager, soweit ich weiß. Keine Ahnung, ob ich mich jetzt klar genug ausgedrückt habe, es sind auf jeden Fall Orte ohne jede Hoffnung.

Ich habe niemals Angst, Enaiat, sagte Hamid. Und ich habe ständig Angst. Ich kann das eine gar nicht mehr vom anderen unterscheiden.

Enaiats Freund Sufi flieht allein in eine andere Stadt
Wie sehr dir jemand fehlt, merkst du an Kleinigkeiten. Sufis Abwesenheit machte mir vor allem nachts zu schaffen, wenn ich mich im Schlaf umdrehte und ihn nicht mehr neben mir fand. Und er fehlte mir auch tagsüber in den Arbeitspausen, in denen wir jetzt nicht mehr gemeinsam mit Steinen auf Gläser, Eimer und so was zielten.

Auf der Flucht vor der iranischen Polizei
Ich rannte und dachte an die Drachtenturniere in den Hügeln der Provinz Ghanzni. Ich rannte und dachte an die Frauen von Nawa, die den Reis mit Holzlöffeln umrührten. Ich rannte und dachte, wie sehr mir jetzt doch ein Loch zupass käme, ein Erdloch wie das, in dem ich mich mit meinem Bruder vor den Taliban versteckt hatte. Ich rannte und während ich rannte, wurde ein Mann neben mir getroffen. Als ich schließlich aufhörte zu rennen, kam mir der Gedanke fortzugehen. Ich wollte einfach keine Angst mehr haben.

Sich einsetzen für Frieden und Gerechtigkeit 4

Aufgaben

1. Finde für die einzelnen Abschnitte passende Begriffe, die die Situation beschreiben.
2. Wähle einen Abschnitt aus, der dich besonders beeindruckt, und stelle deine Gedanken dazu in einem Bild oder einem (lyrischen) Text dar.
3. Beschreibe die einzelnen Bilder und setze sie in Beziehung zu den Erfahrungen Enaiats.
4. Gestalte eigene Symbole ODER gemeinsam mit einem Mitschüler/einer Mitschülerin ein **Standbild** zum Thema Angst.

73

Rückblick auf die Jahre der Flucht

Wie kann man so mir nichts, dir nichts sein Leben ändern, Enaiat? Sich an einem ganz normalen Vormittag von allem verabschieden?

Man tut es einfach, Fabio, und denkt nicht weiter darüber nach. Der Wunsch auszuwandern entspringt dem Bedürfnis, frei atmen zu können. Die Hoffnung auf ein besseres Leben ist stärker als alles andere. Meine Mutter zum Beispiel wusste, dass ich ohne sie in Gefahr bin. Aber dafür war ich unterwegs in eine andere Zukunft. Und das war besser, als in ihrem Beisein stets in Gefahr zu sein und ständig in Angst leben zu müssen.

Wie findet man einen Ort, an dem man sich weiterentwickeln kann, Enaiat? Woran erkennt man ihn?

Daran, dass man nicht mehr weggehen will. Aber bestimmt nicht daran, dass er perfekt wäre. So etwas wie einen perfekten Ort gibt es nicht. Aber es gibt Orte, an denen man wenigstens in Sicherheit ist.

Infobox

Die Talibanbewegung verfolgt ihre religiösen und politischen Ziele mit terroristischen Akten. Sie lassen Schulen schließen, weil sie meinen, dass diese gegen den Willen Gottes verstoßen. Enaiat erlebt, wie sein Mathematiklehrer erschossen wird, als er sich weigert, die Schule zu schließen.

Aufgaben

1. »Sich an einem ganz normalen Vormittag von allem verabschieden« – schreibe unter dieser Überschrift einen Text über dich selber: Könntest du dir einen solchen Aufbruch vorstellen? Wie sähe dein zukünftiger Ort aus? Gibt es einen perfekten Ort?
2. Zeichne zwei Wegweiser in dein Heft und beschrifte sie mit Enaiats Wünschen und deinen eigenen.

Bildung – ein Grundrecht des Menschen

Enaiat im Gespräch mit dem Autor Fabio Geda
ENAIAT: Bleibst du manchmal stehen und siehst zu, wie die Eltern ihre Kinder abholen? Die Schüler strömen nach dem Gong ins Freie, bleiben brav am Tor stehen, stellen sich auf die Zehenspitzen und suchen nach ihren Eltern. Und wenn sie sie gefunden haben, winken sie, spreizen die Finger, reißen Augen und Mund auf, weiten die Brust. Alles atmet in diesem Moment, auch die Bäume und Häuser. Dann kommen die Fragen nach dem Tag, den Hausaufgaben, dem Schwimmbad. Mütter stecken Hemden zurück in den Hosenbund und rücken Baseballmützen zurecht. Und am Ende sitzen alle zusammen mit ihren Freunden im Auto, und es geht ab nach Hause. Bleibst du manchmal stehen und siehst ihnen zu?
FABIO: Manchmal, ja.
ENAIAT: Mir fällt das heute noch schwer.

Aus der Allgemeinen Erklärung der Menschenrechte, Artikel 26
(1) Jeder Mensch hat Recht auf Bildung. Der Unterricht muss wenigstens in den Elementar- und Grundschulen unentgeltlich sein.
(2) Die Ausbildung soll die volle Entfaltung der menschlichen Persönlichkeit und die Stärkung der Menschenrechte und Grundfreiheiten zum Ziele haben. Sie soll Verständnis und Freundschaft zwischen allen Nationen und allen ethnischen oder religiösen Gruppen fördern.

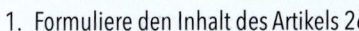

Aufgaben

1. Formuliere den Inhalt des Artikels 26 in deinen eigenen Worten.
2. Erkläre, welche Bedeutung Schule und Bildung für Enaiat haben.
3. Auch Malala (S. 66/67) hat sich für Bildung eingesetzt. Warum ist Bildung so wichtig für die Selbstständigkeit und Freiheit von Menschen?
4. Formuliere für den internationalen Kindertag Rechte, die Kinder deiner Meinung nach haben müssten.

Nähere Informationen über Kinderrechte erhältst du auf der S. 68.

Prophetisches Handeln!?

Am Strand der griechischen Insel Lesbos
Irgendwann kam dann diese alte Dame, die dort wohnte. Sie weckte mich, aber ganz sanft. Ich sprang blitzschnell auf und wollte schon davonlaufen, als sie mir ein Zeichen gab, ihr ins Haus zu folgen. Sie gab mir etwas Leckeres zu essen, Gemüse und noch etwas, an das ich mich nicht mehr erinnere. Sie ließ mich duschen. Sie gab mir richtig gute Kleider: ein blau gestreiftes Hemd, Jeans und ein paar weiße Turnschuhe. Es war unglaublich, dass sie solche Sachen zu Hause hatte, genau in meiner Größe. Sie redete sehr viel, diese Dame, und zwar ohne Punkt und Komma. Auf Griechisch und auf Englisch, wovon ich allerdings kaum etwas verstand. Nachdem ich geduscht hatte, brachte mich die alte Dame zum Busbahnhof. Sie kaufte mir eine Fahrkarte, gab mir fünfzig Euro, verabschiedete sich und ging. Ich weiß noch, wie ich dachte, dass es enorm gute Menschen gibt.

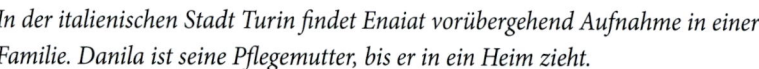

In der italienischen Stadt Turin findet Enaiat vorübergehend Aufnahme in einer Familie. Danila ist seine Pflegemutter, bis er in ein Heim zieht.
Das Nichtstun lag mir ganz und gar nicht. Da sah mich Danila nachdenklich an. Flüsternd fragte sie, ob ich gern bei ihr und ihrer Familie wohnen würde. Platz gebe es dort ja genug. Also stellten sie einen entsprechenden Antrag. Nachdem die Formalitäten Tage später erledigt waren, holten sie mich ab. Sie erklärten mir, dass sie jetzt meine Pflegefamilie seien und dass ich von nun an ein Zuhause und eine Familie habe, sprich: drei Hunde, ein Zimmer, ja sogar einen Schrank für meine Kleider. – So begann mein zweites Leben.

Aufgaben

Zum Weiterdenken!
Kennst du Menschen, die du als »moderne Propheten« bezeichnen würdest? Begründe deine Auswahl.

1. Erkläre, was das Handeln dieser »enorm guten Menschen« ausmacht. Notiere zuvor, was genau diese tun.
2. Lies im Neuen Testament Matthäus 25 und vergleiche die Rede Jesu mit dem Handeln der beschriebenen Personen.
3. Sind diese Menschen »moderne Propheten«? Überprüfe und begründe deine Meinung mithilfe des ersten Teils dieses Kapitels.

Sich einsetzen für Frieden und Gerechtigkeit **4**

Der Prophet

Sieger Köder, Propheten – Gottes Rufer

Aufgaben

1. Schau dir das Bild genau an.
   Suche dir eine Person aus und überlege, was ihr durch den Kopf gehen könnte.
2. Schreibe dazu einen **inneren Monolog.**
   ODER
   Stelle dir vor, dieser Prophet redet mit den Menschen. Formuliere in einer Sprechblase, was er sagen könnte.
   Beziehe bei beiden Aufgaben auch Inhalte aus diesem Kapitel mit ein.

5 WER WAR EIGENTLICH JESUS?

Eine Spurensuche im Alltag

Justin Bieber hat sein Tattoo auf der Wade, 200.000.000 Treffer für »Jesus Christus« zeigt Google an, unsere Zeitrechnung richtet sich nach ihm, aber wer war Jesus eigentlich genau?

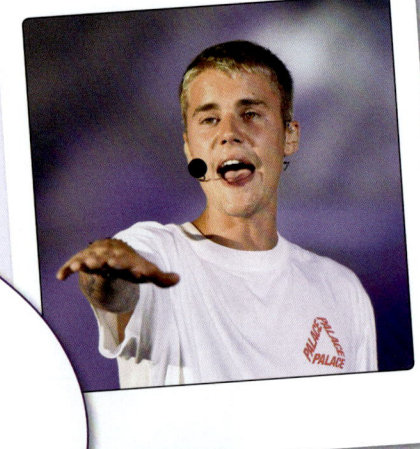

> Ich weiß nicht, warum die ihn alle so vergöttert haben. Sicher, er hat die Kranken geheilt, er hat die Armen … er hat den Armen geholfen. Und trotzdem weiß ich nicht, was so wichtig an ihm war. Na gut, er hat verkündet, er ist Gottes Sohn, er ist der Befreier, er ist der Erlöser. Trotzdem, er kann ja auch gelogen haben.

Melanie, 9 Jahre

Aufgaben

1. Was meinst du? War Jesus wichtig? Ist er heute noch wichtig? Für wen ist er wichtig? Suche Antworten auf diese Fragen. Dabei kannst du auf verschiedene Weise vorgehen:
   – Du kannst selbst eine Antwort geben.
   – Du kannst die Antworten, die auf diesen Seiten versammelt sind, zusammentragen.
   – Du kannst verschiedene Personen dazu befragen.
   – Du kannst dich auf Spurensuche in deiner Umgebung begeben. Die Fotos können dich dabei auf Ideen bringen.
2. Tragt eure Antworten zusammen und ordnet sie. Was fällt euch auf? Welche Fragen stellen sich euch?

5 Wer war eigentlich Jesus?

Jesus ist ein Jude. Er hat 2007 Jahre vor uns gelebt. Er ist Gottes Sohn und hat nie etwas falsch gemacht (glaube ich zumindest!). Jesus war ein Held, ein König. Er »war« es nicht nur, er ist es immer noch.

Carola, 10 Jahre

Die Doofen

Jesus war ein guter Mann,
der hatte einen Umhang an,
Jesus war ein flotter Typ,
den hatten alle Leute lieb,
Jesus hatte langes Haar,
und braune Augen wunderbar,
Jesus hatte Latschen an,
wie kein anderer Mann.
Jesus, Jesus, du warst echt okay,
Jesus, Jesus, everytime fairplay.

Was wissen wir über Jesus?

Dieses Mosaik von Jesus entstand in Ravenna (Italien) im Jahr 530 nach Christus – also fast 500 Jahre nach seinem Tod. Die Menschen haben sich mithilfe dieser kleinen Steine, die sie wie Puzzleteile benutzt haben, vorgestellt, wie Jesus wohl ausgesehen haben könnte. Genauso haben es die Menschen mit Jesu Leben gemacht. Sie haben Puzzlesteine gesammelt, um sich ein Bild davon zu machen, wer Jesus war, wie er war, wie er gelebt und was er gedacht hat. Die Informationen, die sie dazu brauchten, waren gar nicht so leicht zu bekommen.

Aufgabe

Stellt euch vor, ihr würdet zu einem Forschungsteam gehören, das etwas über das Leben Jesu herausfinden möchte. Wie würdet ihr vorgehen? Erstellt einen Plan. Notiert auch, welche Schwierigkeiten sich bei eurer Forschung ergeben könnten.

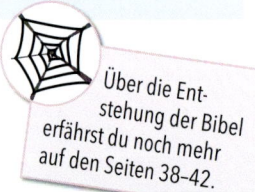

Über die Entstehung der Bibel erfährst du noch mehr auf den Seiten 38–42.

Zum Weiterdenken!

Wie erscheint euch die Informationslage über das Leben Jesu? Wissen wir viel oder wenig über ihn? Stellt die Argumente in einer Tabelle gegenüber.

Infobox

Was genau Jesus von Nazareth getan und gesagt hat, weiß man nicht. Von Jesus selbst sind uns keine Texte überliefert. Zudem konnten die meisten seiner Anhänger nicht lesen und schreiben. Deswegen hat man sich von Jesus erzählt, so gut man sich daran erinnern konnte. Die ältesten Schriften über Jesus, die man heute noch kennt, sind Briefe, die der Apostel Paulus an die ersten christlichen Gemeinden geschrieben hat. Als er mit diesen Briefen angefangen hat, war Jesus wahrscheinlich schon über zwanzig Jahre tot. Das meiste, was wir heute über Jesus lesen, steht in den Evangelien. »Evangelium« ist Griechisch und heißt »Gute Nachricht«. Das erste und damit älteste Evangelium wurde etwa dreißig Jahre nach Jesu Tod oder vielleicht noch deutlich später geschrieben. Man nennt diese Sammlung von Evangelien, Briefen und einigen anderen Schriften das Neue Testament.

Aus den vier Evangelien können wir Folgendes über das Leben Jesu schließen:

Wer war eigentlich Jesus?

7 Er wird in ein Grab gelegt. Aber am nächsten Tag ist er nicht mehr da. Einige Freunde haben ihn trotzdem gesehen. Sie erzählen sich, dass er auferstanden ist. (Lk 24,13–33)

6 Viele Menschen folgen Jesus. Daher fühlen sich die Römer, die im Land regieren, von Jesus bedroht. Und einige jüdische Gelehrte finden, dass Jesus Gottes Gebote nicht richtig beachtet. Deswegen wird er an die Römer ausgeliefert und in Jerusalem zum Tod am Kreuz verurteilt. (Mk 14,12–25)

5 Jesus macht viele kranke Menschen wieder gesund. Er heilt zum Beispiel in Kapernaum einen Gelähmten und vergibt ihm seine Sünden. (Mk 2,1–5)

4 Jesus trifft sich mit Menschen, mit denen sich sonst niemand treffen wollte. Zum Beispiel lädt er sich in Jericho bei dem Zöllner Zachäus zum Essen ein. (Lk 19,1–10)

3 Als Jesus etwa 30 Jahre alt ist, beginnt er, durch Galiläa zu wandern. Viele Menschen schließen sich ihm an. Er predigt an vielen Orten und erzählt den Menschen Geschichten vom Reich Gottes. (Z. B. Mt 4,12–22, Mt 5–7, Mt 13,31–32)

2 Jesus wächst in Nazareth auf, wo Josef als Zimmermann arbeitet. Vermutlich hat auch Jesus diesen Beruf gelernt. (Mt 2,19–23)

1 Jesus wird in Bethlehem geboren. Seine Eltern stammen aus Nazareth, aber kurz vor seiner Geburt findet eine Volkszählung statt. Deswegen müssen Maria und Josef nach Bethlehem, weil ihre Familie von dort ist. (Lk 2,1–20)

Aufgaben

1. **Erfindet** für die einzelnen Stationen von Jesu Leben jeweils ein Zeichen, z. B. eine Krippe für seine Geburt. Tragt die Zeichen in die Karte an den entsprechenden Orten ein.
2. Zu welchen Stationen aus Jesu Leben kennt ihr noch weitere Geschichten? **Erzählt** sie euch und tragt sie mit einem eigenen Zeichen auf der Karte ein.
3. Was möchtet ihr noch über Jesus wissen? Sammelt eure Fragen.

Ist Jesus zur Schule gegangen?

Pauline: Nach den Ferien habe ich überhaupt keine Lust, wieder zur Schule zu gehen. Ich würde viel lieber noch zuhause bleiben und Omas Buch lesen und mit Cosima Eis essen fahren und …
Mutter: Tja, das kann ich mir vorstellen. Aber daran lässt sich nun mal nichts ändern. Die Ferien sind vorbei.
Pauline: Aber Jesus ist bestimmt auch nicht zur Schule gegangen.
Mutter: Ach, und du meinst, dann musst du auch nicht zur Schule gehen? Komisches Argument. Und übrigens: Jesus ist durchaus zur Schule gegangen.
Pauline: Wirklich? Kann ich mir gar nicht vorstellen.
Mutter: Doch, doch. Als kleines Kind hat er erstmal eine ganze Menge von seinen Eltern gelernt. Von Josef hat er zum Beispiel gelernt, wie man Dachbalken für Häuser macht oder Pflüge für den Acker.
Pauline: Ja, dazu hätte ich auch mehr Lust als Englischvokabeln zu lernen …
Mutter: Und dann werden ihm Maria und Josef auch viele religiöse Dinge beigebracht haben.

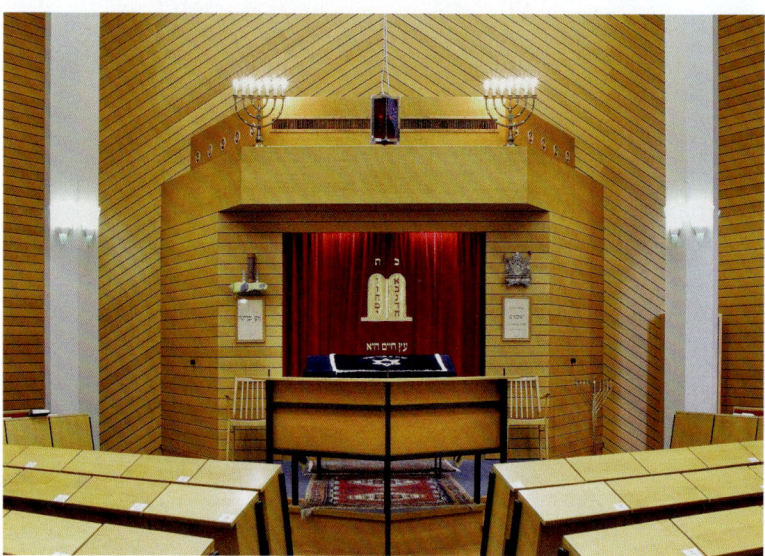

In einer Synagoge

Pauline: Was denn zum Beispiel?
Mutter: Nun, ich denke, dass die beiden ihm und seinen Geschwistern erzählt haben, dass es nur einen Gott gibt, nämlich Jahwe, nicht viele Götter, wie sich das die Römer vorstellten oder die Ägypter. Und sie werden ihm Geschichten von diesem Gott erzählt haben, in denen Jahwe seinem Volk Israel immer treu war.
Pauline: Ach, da kenne ich auch eine. Die, in der Gott sein Volk aus Ägypten gerettet hat, wo die so hart arbeiten mussten.

Das Schm'a Israel: Das jüdische Glaubensbekenntnis und damit das wichtigste Gebet im Judentum. Es ist sehr kurz: »Höre Israel, der Ewige, unser Gott, der Ewige ist einzig.«

Schabbat: Der jüdische wöchentliche Feiertag. Er beginnt am Freitagabend, wenn drei Sterne am Himmel zu sehen sind, und endet am Samstagabend. Es ist Juden am Schabbat verboten zu arbeiten, d. h. Tätigkeiten auszuüben, die sich von den 39 verbotenen Arbeiten beim Tempelbau ableiten lassen.

Synagoge: Heute ein Versammlungsraum, in dem die jüdische Gemeinde zusammenkommt, um zu beten und zu lernen.

Tora: Wichtigster Teil der heiligen Schrift der Juden.

Bat oder Bar Mizwa (Tochter oder Sohn der Pflicht): Fest für die jüdischen Mädchen und Jungen im Alter von ungefähr 12 Jahren, in dem der Bund Gottes mit den Menschen erneuert wird.

MUTTER: Ja, die hat er auf jeden Fall gehört. Und dann wird er die wichtigen Gebete gelernt haben, z. B. das Sch'ma Israel. Tja und natürlich hat er jede Woche den Schabbat gefeiert.

PAULINE: Okay, aber dann ist Jesus ja doch nicht zur Schule gegangen, sondern hat von seinen Eltern gelernt. Das können wir ja heute auch so machen. Du erzählst mir Geschichten und ich gehe nicht in die Schule. Finde ich gut.

MUTTER: Als Jesus fünf wurde, kam er dann aber in die Schule. Also jedenfalls war das so eine Art Schule, das Lehrhaus. Dort hat Jesus mit den anderen Jungen aus Nazareth regelmäßig gelernt. Heute geschieht so etwas in der Synagoge.

PAULINE: Und die Mädchen?

MUTTER: Damals konnten nur Jungen zum Unterricht gehen. Sie saßen dort auf dem Boden im Kreis und ihr Lehrer las ihnen aus der Tora vor. Dort wird Jesus auch Hebräisch gelernt haben, denn bei seiner Bar Mizwa musste er selbst aus der hebräischen Tora vorlesen. Und das hat er später bestimmt auch noch oft gemacht, denn Jesus kannte sich richtig gut aus in der Bibel.

PAULINE: Also musste er doch Vokabeln lernen. Dann mach ich das jetzt auch mal. Aber eine Frage noch: War Jesus jetzt Jude oder Christ? Ich meine, wir heißen doch Christen, weil wir an Jesus glauben, da kann er doch kein Jude gewesen sein.

MUTTER: Darüber sprechen wir heute Nachmittag noch mal. Jetzt erst mal ab in die Schule. Sonst kommst du noch zu spät.

Junge bei seiner Bar Mizwa

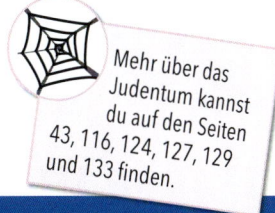
Mehr über das Judentum kannst du auf den Seiten 43, 116, 124, 127, 129 und 133 finden.

Aufgaben

1. »War Jesus jetzt Jude oder Christ?« Was würdest du Pauline antworten? Begründe deine Antwort.
2. Findest du für die Elemente des Judentums, die du in diesem Text kennengelernt hast, entsprechende Elemente im Christentum? Stelle sie in einer Tabelle gegenüber und vergleiche. Ein Blick in das Kapitel »Was ist mir heilig?« kann dir dabei helfen.

Ein Leben unter der Herrschaft der Römer

Heute ist Andreas geschäftlich unterwegs. Er will in einem kleinen Dorf Oliven einkaufen. Am Vormittag bricht er auf. Wie immer ist Timon bei ihm. Sie haben einige Esel dabei, auf die sie die Oliven laden werden. Das Dorf ist ein ganzes Stück von Sepphoris entfernt. Es dauert einige Stunden, bis sie sich ihrem Ziel nähern. Hinter diesem Hügel liegt das Dorf. Aber was ist das? Andreas schreit entsetzt auf. Das kleine Dorf, das vor ihnen liegt, besteht nur noch aus ein paar schwelenden Balken, Schutthaufen und umgestürzten Mauern und zertrampelten Gärten. Auch Timon steht mit offenem Mund da. »Was ist da nur passiert?« Andreas ist fassungslos: »Es sieht furchtbar aus. Sieh nur, dort hinten scheinen Leute zu sein. Lass uns zu ihnen gehen und uns erkundigen, was hier geschehen ist.« Die beiden gehen auf das zerstörte

Das Römische Reich
zur Zeit von Kaiser Augustus

Dorf zu. Bald haben sie die Menschen erreicht, die dort stehen. Es sind Männer, Frauen und Kinder. Sie starren auf die Ruinen ihrer Häuser. Die Kinder weinen. Andreas kennt einige von ihnen durch frühere Geschäfte in diesem Dorf. Er grüßt freundlich: »Schalom, Friede. Was für ein Unglück ist denn hier geschehen?« »Ach, der Olivenkäufer!« Auch einige Dorfleute erkennen Andreas. »Jetzt gibt es bei uns nichts mehr zu kaufen. Schau dir das nur an. Die römischen Soldaten haben ganze Arbeit geleistet.« »Römische Soldaten waren das? Aber was ist denn geschehen, warum haben sie euer Dorf überfallen?«

»Oh, das zieht sich schon eine ganze Weile so hin«, ergreift einer der Männer das Wort. »Natürlich geht es um die Steuern. Die Römer verlangen von uns Juden Geld, viel Geld. Mehr Geld als wir bezahlen können, ohne selbst zu hungern. Diese Steuern erdrücken uns. Und deshalb haben wir uns geweigert zu zahlen. Dann haben die Römer ein paar besonders brutale Steuereintreiber geschickt. Sie haben uns das Geld einfach abgeknöpft – und sogar noch einiges mehr als wir eigentlich hätten zahlen sollen. Wie sollen wir denn noch leben?! Wir waren wirklich wütend. Und deshalb haben wir den Steuereinnehmern auf dem Rückweg aufgelauert, sie überfallen und ihnen die Steuern wieder abgenommen. Und das haben die Römer nicht geduldet. Sie wollen zeigen, dass sie die Herren im Land sind. Deshalb haben sie die Soldaten hergeschickt. Es ist alles so schnell gegangen, heute Morgen. Zum Glück haben einige Knechte die heranmarschierenden Soldaten von weitem entdeckt und gleich alle gewarnt. Uns ist nur noch Zeit geblieben die Kinder herbeizurufen, schnell nach ein paar Habseligkeiten zu greifen und dann in die Berge zu laufen. Die Römer haben sich nicht getraut, uns dahin zu verfolgen. Denn im Gebirge verstecken sich die Widerstandskämpfer, die Zeloten. Vor denen haben sie Angst.«

Andrea Rückert und Sebastian Görnitz-Rückert

Aufgabe

Warum sind die Menschen in dem Dorf, in dem Andreas und Timon Oliven kaufen wollten, so wütend über die Römer? **Spielt** einen Dialog zwischen den Dorfbewohnern und den römischen Soldaten, die in das Dorf kommen, um die Steuern einzutreiben.

a. Tragt dazu vorher in einer **Mindmap** zusammen, was ihr schon über das Römische Reich wisst.

b. Seht euch dazu auch die Karte des Römischen Reiches an und tragt die Informationen über die politische und wirtschaftliche Macht der Römer ebenfalls in die Mindmap ein.

5 Wer war eigentlich Jesus?

Eine andere Welt ist möglich

Heinrich Völkel

Aufgaben

1. Gestalte aus den Gedanken, die dir zu diesem Foto kommen, eine Geschichte, ein Gedicht oder eine kleine Rede. Stellt euch gegenseitig eure Texte vor.
2. Eine Schülerin hat dem Foto den Titel gegeben »Eine andere Welt ist möglich«. Kommentiert diesen Titel oder findet einen eigenen, der möglicherweise besser passt.

Wer war eigentlich Jesus? 5

Viele jüdische Menschen zu biblischen Zeiten träumten von einer anderen Welt. Sie hofften darauf, dass Gott einen Retter – den Messias – schicken würde. Der würde die Ungerechtigkeit durch die Römer beenden und den Menschen den Weg in eine andere und bessere Welt zeigen. Wie genau das geschehen sollte, darüber waren sich die Menschen allerdings nicht einig. Die **Zeloten**, eine Art religiöse Partei, hofften auf einen Messias, der mit Waffen gegen die Römer kämpfen würde. Und damit sie nicht so lange warten mussten, fingen sie mit diesem bewaffneten Kampf schon einmal an. Andere glaubten, dass der Messias kommen würde, wenn alle Menschen genau die Gebote Gottes befolgen würden. Das glaubten z. B. die **Pharisäer**, Gelehrte, die sich besonders gut in der Tora auskannten und deren Gebote für ihren Alltag auslegten. Andere wiederum träumten gar nicht von einem Messias. Zu dieser Gruppe gehörten die **Sadduzäer**. Das waren Menschen, die zu reichen und einflussreichen Familien gehörten und eng mit den Römern zusammenarbeiteten. Sie hielten sich ebenso wie die Pharisäer streng an die Gebote der Tora, sahen darin aber keinen Widerspruch zur Zusammenarbeit mit den Römern.

Infobox

Auch Jesus träumte von einer anderen, einer neuen Welt, in der die Menschen in der Nähe Gottes auf friedliche und gerechte Weise zusammenlebten. Er nannte diese Welt das »Reich Gottes« und erzählte viele Geschichten darüber. Besonders gern sprach Jesus in Gleichnissen darüber, in denen er Ereignisse aus dem Alltag der Menschen mit dem Reich Gottes verglich.

Um das Reich Gottes geht es auch auf den Seiten 143–145.

Aufgaben

1. Simon, ein Zelot, der sich in den Bergen von Galiläa versteckt, trifft auf den Sadduzäer Baruch, der im Hohen Rat von Jerusalem arbeitet, und den Pharisäer Amos, Schabbatprediger in der Synagoge von Kapernaum. Schreibt ein Gespräch der drei auf, in dem sie sich darüber streiten, wie und wann die bessere Welt beginnt. Wer hat die besten Argumente?
2. Lies das Gleichnis in Mk 4,3–8. Welche Bilder aus dem Alltag benutzt Jesus in dieser Geschichte? Was will er damit über das Reich Gottes sagen? Findest du eine gute Überschrift für das Gleichnis?
3. **Gestalte** das Foto so **um**, dass deine Vorstellung vom Reich Gottes darin vorkommt.

5 Wer war eigentlich Jesus?

Hatte Jesus Freunde?

Aufgabe
Beim Surfen im Netz findest du folgenden Chat. Verfasse eine Antwort, nachdem du dir die Materialien auf dieser Seite angesehen hast.

kalle12
Hatte Jesus eigentlich viele Freunde?

phoenix
Warum sollte er denn keine gehabt haben? War doch auch nur ein Mensch.

17pinky
Freunde hatte er glaube ich nicht, höchstens Anhänger.

chaosclub3
Ich glaube nicht, dass Jesus Freunde hatte. Der hatte doch für sowas gar keine Zeit! Und außerdem war der viel zu diszipliniert.

Jesus kam nach Jericho und zog durch die Stadt. Und sieh doch: Dort lebte ein Mann, der Zachäus hieß. Er war der oberste Zolleinnehmer und sehr reich. Er wollte unbedingt sehen, wer dieser Jesus war. Aber er konnte es nicht, denn er war klein und die Volksmenge versperrte ihm die Sicht. Deshalb lief er voraus und kletterte auf einen Maulbeerfeigenbaum, um Jesus sehen zu können – denn dort musste er vorbeikommen. Als Jesus an die Stelle kam, blickte er hoch und sagte zu ihm: »Zachäus, steigt schnell herab. Ich muss heute in deinem Haus zu Gast sein.« Der stieg sofort vom Baum herab. Voller Freude nahm er Jesus bei sich auf. Als die Leute das sahen, ärgerten sie sich und sagten zueinander: »Er ist bei einem Mann eingekehrt, der voller Schuld ist!« Aber Zachäus stand auf und sagte zum Herrn: »Herr sieh doch: die Hälfte von meinem Besitz werde ich den Armen geben. Und wem ich zu viel abgenommen habe, dem werde ich vierfach zurückzahlen.«
Lukas 19,1–8

Ein paar Tage später kam Jesus nach Kafarnaum zurück. Es sprach sich herum, dass er wieder zu Hause war. Und es strömten so viele Menschen herbei, dass der Platz nicht ausreichte, nicht einmal draußen vor der Tür. Und Jesus erzählte ihnen von Gott.
  Da brachten Leute einen Gelähmten zu Jesus. Er wurde von vier Männern getragen. Aber wegen der Volksmenge konnten sie nicht bis zu ihm vordringen. Deshalb öffneten sie das Dach genau über der Stelle, wo Jesus war. Sie machten ein Loch hinein und ließen den Gelähmten auf seiner Matte herunter. Jesus sah, wie groß ihr Glaube war, und sagte zu dem Gelähmten:
»Mein Kind, deine Schuld ist dir vergeben.«
Markus 2,1–5

Wer war eigentlich Jesus?

Sieger Köder, Das Mahl

Aufgaben

1. Der Maler Sieger Köder stellt sich vor, dass Jesus heute mit diesen Menschen befreundet wäre und mit ihnen zusammen essen würde. Was denkt ihr dazu?
2. Gestaltet ein eigenes Bild, in dem ihr zeigt, welche Menschen aus eurer Umgebung wohl heute mit Jesus befreundet wären?

Konnte Jesus zaubern?

Jesus machte mehr als fünftausend Menschen satt

Als Jesus das hörte, verließ er den Ort. Er fuhr mit dem Boot zu einer abgelegenen Stelle, um allein zu sein. Die Volksmenge hörte davon. Die Menschen kamen auf dem Landweg aus den umliegenden Städten herbei. […] Als es dunkel wurde, kamen seine Jünger zu ihm und sagten: »Es ist eine einsame Gegend hier und es ist schon sehr spät. Lass doch die Volksmenge gehen. Dann können die Leute in die Dörfer ziehen und sich etwas zu essen kaufen.« Aber Jesus sagte zu ihnen: »Sie brauchen nicht wegzugehen. Gebt ihr ihnen etwas zu essen!« Da antworteten sie ihm: »Wir haben hier nur fünf Brote und zwei Fische!« Aber Jesus sagte: »Bringt sie mir her!« Dann ordnete er an: »Die Volksmenge soll sich zum Essen im Gras niederlassen!« Und Jesus nahm die fünf Brote und die zwei Fische. Er blickte zum Himmel auf und sprach ein Dankgebet. Dann brach er die Brote in Stücke und gab sie den Jüngern. Die Jünger verteilten sie an die Volksmenge. Alle aßen und wurden satt. Dann sammelten sie die Reste ein – es waren zwölf Körbe voll. Es waren fünftausend Männer, die gegessen hatten – dazu kamen noch Frauen und Kinder.

Matthäus 14,13–21

Timo

> Also, ich kann mir auch vorstellen bei der Geschichte, dass es so war: Die Leute waren in Not, und Jesus wollte ihnen irgendwie helfen. Und dann hat er halt Brote und Fische hergezaubert.

Fünf Brote und zwei Fische

1. Obwohl sie Hunger hatten, war doch zu wenig da. Was ist das für so viele, das ist niemals genug, das ist niemals genug!
2. Als sie gemeinsam aßen, da wurde jeder satt. Weil damals alle teilten, da war es wohl genug, da war es wohl genug!
3. Es blieb noch sehr viel übrig, die Körbe füllten sich. So geht das mit dem Teilen, wenn jeder etwas gibt, wenn jeder etwas gibt!
4. Gott, lass uns daraus lernen, du gibst uns ja genug. Wenn wir mit andern teilen, wächst Frieden auf der Welt, wächst Frieden auf der Welt.

1.–4. Fünf Brote und zwei Fische, da wird etwas geschehn, da wird etwas, da wird etwas, da wird etwas geschehn. La la la la la la, la la la la la la, da wird etwas, da wird etwas, da wird etwas geschehn.

Zum Weiterdenken!

2016 haben 13.000 Konfirmandinnen und Konfirmanden zusammen mit Bäckern und Bäckerinnen 50.000 Brote gebacken, verkauft und mit dem Geld Bildungsprojekte in Afrika und Lateinamerika unterstützt (www.5000-Brote.de). Die Geschichte von der Speisung der 5000 war dazu ihr Vorbild. Warum eigentlich? Wie haben die Konfis wohl das Wunder der Geschichte gedeutet?

Aufgaben

1. Timo versteht die Geschichte von den fünf Broten und zwei Fischen anders als der Schreiber des Liedes. Welche Deutung erscheint dir sinnvoller?
2. Wie verstehst du die Geschichte? Schreibe eine eigene Strophe für das Lied.
3. Manche Leute sagen, dass es in dieser Geschichte gar nicht direkt um Brote und Fische geht, sondern dass diese Dinge Symbole sind, die für anderes stehen. In Kapitel 1, S. 26 hast du schon das Symbol Brot kennengelernt. Wofür könnte es hier stehen?

Jesus nimmt frei

Das ist Jesus. Jesus tat ganz erstaunliche Dinge, und niemand konnte sich erklären, wie er es machte. Er erzählte die spannendsten Geschichten. Tag für Tag arbeitete er hart, um die Welt schöner zu machen … bis er eines Morgens aufwachte und völlig erschöpft war vom Gutes-Tun. An diesem Tag klappten die Wunder nicht so gut … und die Geschichten auch nicht. Am nächsten Morgen ging Jesus zum Doktor. Dieser untersuchte ihn und sagte: »Nimm dir einen Tag frei, Jesus. Ruh dich aus, tu etwas, was dir Spaß macht.« Also erzählte Jesus seinen Freunden, was der Doktor ihm verordnet hatte. Dann ging er spazieren. Es war ein herrlicher Tag. Die Sonne schien und nicht ein Wölkchen stand am Himmel. Kaum unterwegs, übte Jesus Rad schlagen quer durch die Wüste. Dann jonglierte er mit seinem Heiligenschein … und picknickte genüsslich unter einer Palme. Danach nahm er ein erfrischendes Bad. Und ganz zum Schluss unternahm er einen langen Ausritt auf seinem Esel, was ihm schon immer besonderen Spaß gemacht hatte. Es war ein wundervoller Tag. Aber gegen Abend, als er in der Sonne saß, wurde Jesus plötzlich traurig und dachte: Eigentlich war es ein verlorener Tag, denn ich habe niemandem

Wer war eigentlich Jesus? **5**

geholfen. Ja, er hatte so ein schlechtes Gewissen, dass er beschloss, seinem Vater alles zu erzählen. Jesus liebte seinen Vater sehr. Denn sein Vater wusste alles und hatte immer genau die richtigen Antworten. Als Jesus ihm von seinem freien Tag erzählte, sagte sein Vater: »Schau mal kurz auf die Erde hinunter, Sohn. Überall, wo du Rad geschlagen hast, sind in der Wüste Wasserquellen entsprungen. Wo du jongliert und gepicknickt hast, tragen die Bäume die herrlichsten Früchte. Während du geschwommen bist, hatten die Fischer großes Glück … und alle, die du auf deinem Esel getroffen hast, wurden plötzlich froh und freuten sich ihres Lebens. Du siehst: Nur wenn du selbst froh bist, kannst du auch andere froh machen.« Jesus wusste: Sein Vater hatte wie immer Recht. »Danke«, sagte er. Am nächsten Morgen war er froh, dass er einen Tag Urlaub gemacht hatte. Er hatte nämlich das komische Gefühl, dass noch eine Menge Arbeit auf ihn wartete …

Nicholas Allan

Aufgaben

1. Nach dem Gespräch mit Gott erzählt Jesus seinen Freunden beim Abendessen von seinen Erlebnissen. Gemeinsam denken sie auch noch über den Satz nach: »Nur wenn du selbst froh bist, kannst du auch andere froh machen.« Spielt das Gespräch in einem **Rollenspiel** nach.
ODER
Am nächsten Tag wartet noch eine Menge Arbeit auf Jesus. Wie wird der Tag wohl verlaufen? Schreib die Geschichte weiter.

2. Diese Geschichte steht nicht in der Bibel. Passt sie zu dem, was du von Jesus kennst? Vergleicht sie mit den anderen Geschichten, die ihr bisher gehört habt.

Zum Weiterdenken!
Findest du es in Ordnung, solche Geschichten von Jesus zu erfinden?

War Jesus ein Mensch oder ein Gott?

Georges Rouault, Ecce homo

Silke Rehberg, Jesus und die Kinder

Mosaik von Christus in der Kathedrale von Cefalu auf Sizilien (Italien)

Aufgaben

Manche Leute sagen, Jesus sei ein Mensch. Manche halten ihn für einen Gott.
1. Welche Antworten findest du auf den Bildern auf dieser Seite?
2. Bring ein Bild von Jesus mit, das sich von diesen unterscheidet. Beschreibe es deiner Gruppe in einem **Bilddiktat.** Vergleicht die Ergebnisse.
3. Such dir ein Bild aus, das deiner Vorstellung von Jesus am meisten entspricht, und erkläre, warum das so ist.

Wer war eigentlich Jesus? 5

Maria-Statue in München

Im 5. Jahrhundert nach Jesus haben sich die Bischöfe der frühen christlichen Kirche in Chalcedon, das liegt in der heutigen Türkei, zu einer Konferenz getroffen. Sie haben sich Gedanken darüber gemacht, ob Jesus Mensch oder Gott ist. Ihr Ergebnis haben sie so aufgeschrieben:

> Jesus ist vollkommener Gott und vollkommener Mensch. Er ist in seinem Wesen genauso wie Gott und ist doch genauso wie wir Menschen. Er wurde von Gott gezeugt und von Maria geboren. Er hat nur einen Körper und eine Seele. Trotzdem ist er gleichzeitig ganz Mensch und ganz Gott.

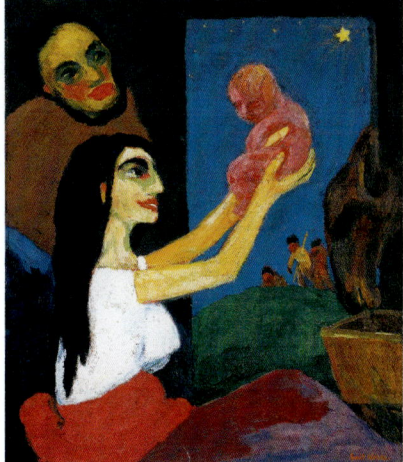

Emil Nolde, Heilige Nacht

> »Ich glaube an Jesus. Er ist Sohn Gottes und wie ein Bruder für mich. Auch ich bin ein Kind Gottes, seine Tochter. Jesus zeigt mir den Weg zu Gott. Es gibt noch andere Söhne und Töchter Gottes, die mir den Weg zu ihm zeigen: Mahatma Gandhi, Martin Luther King, Maria, die Mutter von Jesus, und noch viele, deren Namen nicht öffentlich bekannt sind. Viele davon sind mir zum Wegweiser geworden, nicht durch ihr vollkommen vorbildliches Leben, sondern manchmal durch eine Tat, durch einen Satz. Ich hoffe, dass ich als Tochter Gottes und Schwester von Jesus auch manchem ein Stück Weg zeigen kann.«
>
> M. Kronenberg (52), Trier

Battista da Vicenza, Fresko in einer Kirche in Vicenza (Italien)

Aufgaben

1. Verfasse eine Antwort an Frau Kronenberg. Beziehe dabei auch die Aussagen der Bischöfe aus Chalcedon mit in deine Gedanken ein.
2. Auch von Maria, der Mutter von Jesus, gibt es sehr unterschiedliche Darstellungen. Wirken die Bilder von Maria auf dieser Seite eher göttlich oder eher menschlich auf dich?
3. Frage katholische und evangelische Menschen, die du kennst, ob ihnen Maria wichtig ist, und wenn ja, warum. Tragt eure Antworten zusammen. Was fällt euch auf?

Was bedeutet Jesus für dich?

Jesus selbst hat oft Bilder benutzt, wenn er von sich gesprochen hat. Hier sind einige davon:

Ich bin das Brot des Lebens.
(Johannes 6,35)

Ich bin das Licht der Welt.
(Johannes 8,12)

Ich bin die Tür.
(Johannes 10,9)

Ich bin der gute Hirt.
(Johannes 10,11)

Ich bin der Weg, die Wahrheit und das Leben.
(Johannes 14,6)

Ich bin der Weinstock, ihr seid die Reben.
(Johannes 15,5)

Ich bin ein König.
(Johannes 18,37)

Aufgabe

Suche dir einen der Sätze aus und gestalte ein Bild.
Überlege dazu vorher, was Jesus wohl mit diesem Bild zum Ausdruck bringen wollte und wie das zu dem passt, was du bisher von Jesus kennengelernt hast.

Wer war eigentlich Jesus? **5**

In der Schweiz hat ein Bündnis von Menschen aus verschiedenen Kirchen diese Wände überall in den Städten aufgestellt. Sie möchten Menschen dazu einladen, darüber nachzudenken, was Jesus für sie bedeutet.

Aufgaben

1. Formuliere einen Satz, den du an diese Wand schreiben würdest.
2. Sammelt eure Sätze an der Tafel und vergleicht sie miteinander.

6 GOTT UND DER MENSCH

Wer oder was ist eigentlich Gott?

Michelangelo, Ausschnitt aus dem Fresko in der Sixtinischen Kapelle im Vatikan in Rom

Aufgabe

Wenn man in der Google-Bildersuche nach »Gott« sucht, erscheinen ganz unterschiedliche Bilder. Darunter auch die drei hier abgedruckten.
Erkläre für jedes Bild, was dies mit Gott zu tun haben könnte.

Gott und der Mensch **6**

Katy Perry, Christin

> Für mich ist Gott eine unbeschreiblich mächtige Kraft, die man zwar nicht sehen kann, aber die trotzdem allgegenwärtig ist. Sie begleitet den Menschen zu jeder Zeit, an jedem Ort, in jeder Situation.

Sophie, Jüdin

> Ich glaube an Gott und daran, dass da jemand ist, der über uns wacht. Und vor dem wir alles, was wir tun, verantworten müssen.

Klassenausstellung: Wie sich Menschen Gott vorstellen

Euer Religionskurs plant eine Mini-Ausstellung im Klassenraum zu dem Thema »Wie sich Menschen Gott vorstellen«.

Ziel der Ausstellungen ist es, verschiedene Vorstellungen von Gott und Erfahrungen darzustellen, die Menschen mit Gott gemacht haben.

Auf den folgenden Seiten wirst du daher einiges über die Gottesbilder und Gotteserfahrungen von verschiedenen Menschen kennenlernen. Damit du am Ende ein übersichtliches Bild der erarbeiteten Ergebnisse hast, solltest du eine Mindmap anlegen, in der du die neuen Ergebnisse jeweils einträgst. Am besten fängst du direkt damit an!

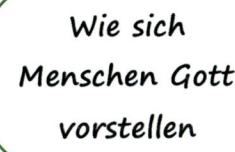

Aufgabe

Trage in die **Mindmap** ein, welche Vorstellungen von Gott dir auf dieser Doppelseite begegnen.

Wie kann man sich Gott vorstellen?

Bilder von Gott heute

Unterschiede gibt es bei der Frage nach Gott nicht nur zwischen den verschiedenen Religionen. Auch jeder Mensch hat sein ganz eigenes Bild von Gott.

Hier findest du einige Bilder von Kindern, die ihre Vorstellung von Gott zeichnen sollten.

Aufgabe

 Wähle eines der **Bilder** aus und deute es möglichst genau. Hierzu ist es wichtig, dass du
   a. auf alle Details eingehst.
   b. für jedes Detail eine kurze Erklärung findest, was es ausdrücken soll.
   c. einen zusammenfassenden Satz formulierst: »Mein Bild soll über Gott aussagen, dass …«

Waldspaziergang mit Folgen

Ich ging spazieren im Wald,
ich musste einfach hinaus.
Da sah ich ein Stück Holz,
das sah heilig aus.
Also steckte ich es ein,
nahm es mit nach Haus
und da schnitzte ich mir einen Gott daraus.

Dann hab' ich meinen Gott ins Regal gestellt.
Da hat er einen schönen Ausblick über die Welt.
Und solange er nicht verspricht,
was er später nicht hält,
lässt sich sagen, dass mir Gott ziemlich gut gefällt.
Wenn auch andere behaupten, das wäre nicht normal,
ich habe einen Gott bei mir im Regal.

Die Ärzte

> Du sollst keine anderen Götter haben neben mir. Du sollst dir kein Bildnis noch irgendein Gleichnis machen, weder von dem, was oben im Himmel, noch von dem, was unten auf Erden, noch von dem, was im Wasser unter der Erde ist: Bete sie nicht an und diene ihnen nicht!
>
> 2. Mose 20,3–5

Aufgaben

1. Erkläre, was damit gemeint sein könnte, wenn sich jemand »seinen eigenen Gott schnitzt«.
2. Zu dem Sänger des Liedes kommt eine Person hinzu und es entsteht folgender Dialog:
   »Was machst du da?« – »Ich schnitze mir einen Gott und zwar so, wie er mir gefällt« – »Was? Das ist doch verrückt, man kann sich doch keinen Gott schnitzen!«
   Führe den Dialog weiter.
3. Der Bibeltext oben stammt aus den »Zehn Geboten«. Erkläre, was das Gebot deiner Meinung nach bedeutet und welchen Sinn es hat.

Welche Vorstellungen hatte man früher von Gott oder Göttern?

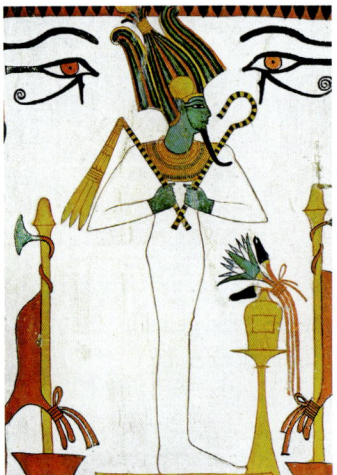

A

Poseidon wurde von den Griechen als Gott des Meeres und aller anderen Gewässer verehrt. Er wohnt der Legende nach in einem Kristallpalast auf dem Meeresgrund. Seefahrer beteten ihn vor ihren Überfahrten an oder brachten ihm tierische Opfer dar, damit er sie sicher zu ihrem Ziel kommen ließ.

Wenn es damals Erdbeben oder Überschwemmungen gab, gingen die Griechen davon aus, dass Poseidon sauer war. Sie versuchten ihn dann mit Opfern wieder zu besänftigen.

Er war einer der mächtigsten Götter und wird zu den zwölf olympischen Göttern gezählt. Häufig wird Poseidon mit einem Dreizack und mit verschiedenen Meerestieren dargestellt. In der römischen Götterwelt ist ihm Neptun sehr ähnlich.

B

Thor wurde bei den germanischen Völkern als Gott des Donners und damit als Gott des Wetters verehrt. Er ist ein sehr wichtiger Gott, da er auch für das Gelingen der Ernte verantwortlich gemacht wurde.

Sein Platz ist im Himmel und von dort kann Thor mit seinem mächtigen Hammer Blitze auf die Erde schicken. Der Hammer ist sein Erkennungszeichen.

Von manchen Völkern wurde Thor auch »Donar« genannt. Von diesem Namen leitet sich das Wort »Donner« ab. Auch der »Donnerstag« geht auf seinen Namen zurück. Dieser Tag der Woche war dem Gott des Wetters gewidmet.

C

Osiris war der ägyptische Gott der Verstorbenen. Er entschied, ob jemand nach dem Tod in seinem Reich weiterleben durfte. Dies durfte man nur, wenn man ein gutes Leben auf der Welt geführt hatte.

Bevor er zum Gott der Verstorbenen wurde, war er der Gott der Fruchtbarkeit und für die Ernte verantwortlich.

Osiris wird in der Regel als menschliche Gestalt mit einer Krone dargestellt.

Gott und der Mensch **6**

Die Menschen haben im Laufe der Geschichte an viele Götter geglaubt. Sie haben sich dabei ganz unterschiedliche Götter vorgestellt.

Es gab beispielsweise einmal ein kleines Volk, welches in der Nähe eines Vulkans lebte. Für diese Menschen stellte der Vulkan eine große Bedrohung dar, da er jederzeit ausbrechen konnte. Die Menschen aus diesem Volk haben sich daher einen Gott vorgestellt, der auf den Vulkan aufpasst, damit dieser nicht ausbricht. Sie haben diesen Gott angebetet und vielleicht haben sie ihm sogar Opfer in Form von wertvollen Gegenständen oder von Nahrung gebracht.

Die Vorstellungen der Götter und die Eigenschaften, die diesen zugeschrieben werden, sind aber nicht zufällig gewählt, sondern stehen immer in einem engen Zusammenhang mit den Bedürfnissen und Ängsten der Menschen. Alle Aussagen über Götter sind also Aussagen, die auf den Erfahrungen der Menschen in ihrem Leben und den Deutungen dieser Erfahrungen beruhen.

Zum Weiterdenken!
Was sagt dein Gottesbild eigentlich über dich aus?

Aufgaben

1. Für eure Ausstellung haben Schülerinnen und Schüler Bilder von Göttern aus dem alten Ägypten, der Antike und dem Mittelalter gesammelt und erklärende Texte verfasst. Leider sind Bilder und Texte durcheinandergeraten. Ordne die Bilder den passenden Textkärtchen zu.
2. Überlege zu den Gottheiten der Textkärtchen, wie das Leben der Menschen damals wohl aussah und welche Erfahrungen sie gemacht haben, die zu der jeweiligen Gottesvorstellung geführt haben.

6 Gott und der Mensch

Wie zeigt sich Gott den Menschen?

Der Prophet Elija lebt in Israel und verkündigt die Worte Gottes dem Volk. Doch das Volk und seine Könige beten fremde Götter an und sind von Gott abgefallen. Nachdem es zur direkten Auseinandersetzung zwischen ihm und den Propheten des fremden Gottes gekommen ist, muss er fliehen. Er fühlt sich einsam und verlassen, doch Gott ist bei ihm und zeigt sich seinem Diener Elija:

Sieger Köder, Elija am Horeb

Elija stand auf, aß und trank und machte sich auf den Weg. Er war so gestärkt, dass er vierzig Tage und Nächte ununterbrochen wanderte, bis er zum Berg Gottes, dem Horeb, kam.

Dort ging er in die Höhle hinein und wollte sich darin schlafen legen. Da hörte er plötzlich die Stimme des HERRN: »Elija, was willst du hier?«

Elija antwortete: »HERR, ich habe mich leidenschaftlich für dich, den Gott Israels und der ganzen Welt, eingesetzt; denn die Leute von Israel haben den Bund gebrochen, den du mit ihnen geschlossen hast; sie haben deine Altäre niedergerissen und deine Propheten umgebracht. Ich allein bin übriggeblieben und nun wollen sie auch mich noch töten.«

Der HERR sagte: »Komm aus der Höhle und tritt auf den Berg vor mich hin! Ich werde an dir vorübergehen!«

Da kam ein Sturm, der an der Bergwand rüttelte, dass die Felsbrocken flogen. Aber der HERR war nicht im Sturm.

Als der Sturm vorüber war, kam ein starkes Erdbeben. Aber der HERR war nicht im Erdbeben.

Als das Beben vorüber war, kam ein loderndes Feuer. Aber der HERR war nicht im Feuer.

Als das Feuer vorüber war, kam ein ganz leiser Hauch. Da verhüllte Elija sein Gesicht mit dem Mantel, trat vor und stellte sich in den Eingang der Höhle.

Aus diesem »ganz leisen Hauch« spricht Gott zu Elija.

1. Könige 19,8–13

Gott und der Mensch 6

Christel Holl, Gott geht vorüber

Otto de Bruijne, Elija im Sturm

Erfahrungen mit Gott
Die Erzählung von Elija ist eine biblische Geschichte, in der ein Mensch eine direkte Erfahrung mit Gott macht. Du wirst auf den folgenden Seiten einige weitere Gotteserfahrungen kennenlernen. Ergänze deine Mindmap und halte die wichtigsten Informationen darin fest.

Aufgaben

Zum Weiterdenken!

Warum erscheint Gott Elija in einem leisen Wind und nicht in einem tosenden Sturm?

1. Elija kommt nach dem Ereignis auf dem Berg Horeb nach Samaria und berichtet den Menschen davon. Verfasse einen Bericht Elijas, in dem du auch auf seine Gefühle und Gedanken eingehst.
2. In eurer Ausstellung zum Thema »Wie Menschen sich Gott vorstellen« soll die Geschichte von Elija auf dem Berg Horeb auftauchen. Zu der Geschichte soll ein passendes Bild ausgewählt werden, das die Gefühle Elijas besonders gut veranschaulicht. Wähle eines der drei Bilder auf dieser Doppelseite aus und begründe, warum du dich für dieses Bild entschieden hast.
3. Es gibt in der Bibel auch andere Berichte, in denen Menschen von ihren Erfahrungen mit Gott oder Christus berichten. Teilt euch folgende Bibelstellen auf und entwerft eine Skizze, wie Gott beziehungsweise Christus den Menschen hier begegnet: 2. Mose 13,21 f., 2. Mose 19,16–18, Apg 9,3–9, Lk 1,26–30.
   Tauscht euch anschließend über eure Ergebnisse aus und stellt Gemeinsamkeiten und Unterschiede zwischen den Geschichten gegenüber.
4. Ergänze deine Mindmap.

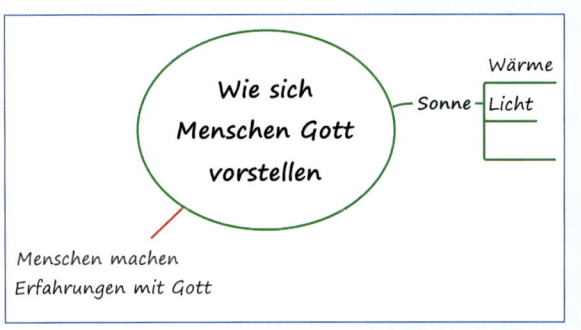

Wie kann Gott dem Menschen Kraft geben?

Der Prophet Daniel ist ein angesehener Mann in Babylon. Obwohl er als Israelit im Gegensatz zu den Babyloniern nur an einen Gott glaubt, wird er aufgrund seiner Weisheit von den Königen von Babylon immer wieder um Rat gefragt. Als der König ein Gesetz erlässt, das vorschreibt, dass man nur von ihm etwas erbitten darf, aber nicht von einem Gott, wird er jedoch angeklagt. Der Vorwurf lautet, er würde zu Gott beten und damit gegen das neue Gesetz verstoßen. Dann passiert Folgendes:

Mehr zum Propheten Daniel findest du auf S. 115.

Briton Rivière, Daniels Antwort an den König

Da befahl der König, Daniel herzubringen. Und sie warfen ihn zu den Löwen in die Grube. Der König aber sprach zu Daniel: Dein Gott, dem du ohne Unterlass dienst, der helfe dir! Und sie brachten einen Stein, den legten sie auf die Öffnung der Grube; den versiegelte der König mit seinem eigenen Ring und mit dem Ringe seiner Mächtigen, damit nichts anderes mit Daniel geschähe. Und der König ging weg in seinen Palast und fastete die Nacht über und ließ kein Essen vor sich bringen und konnte auch nicht schlafen. Früh am Morgen, als der Tag anbrach, stand der König auf und ging eilends zur Löwengrube. Und als er zur Grube kam, rief er Daniel mit angstvoller Stimme. Und der König sprach zu Daniel: Daniel, du Knecht des lebendigen Gottes, hat dich dein Gott, dem du ohne Unterlass dienst, auch erretten können von den Löwen? Daniel aber redete mit dem König: Der König lebe ewig! Mein Gott hat seinen Engel gesandt, der den Löwen den Rachen zugehalten hat, sodass sie mir kein Leid antun konnten; denn vor ihm bin ich unschuldig, und auch gegen dich, mein König, habe ich nichts Böses getan. Da wurde der König sehr froh und ließ Daniel aus der Grube herausziehen. Und sie zogen Daniel aus der Grube heraus, und man fand keine Verletzung an ihm; denn er hatte seinem Gott vertraut.

Daniel 6,17–24

Gott und der Mensch **6**

Psalm 23

Gott ist immer bei mir.
Darum geht es mir gut.
Ich habe alles, was ich brauche.

Gott sorgt für mich.
Ich esse und trinke und werde satt.
Ich finde Ruhe.
Das tut mir gut.

Mein Atem wird kräftig.
Ich lebe.

Gott zeigt mir den richtigen Weg.
Gott macht mir Mut.
Gott macht mich stark.
Er hat es versprochen.
Davon will ich erzählen.

Manchmal habe ich Angst.
Manchmal bin ich krank.
Manchmal habe ich Schmerzen.
Auch dann weiß ich:

Gott ist da.

Zum Weiterdenken!

Im evangelischen Gesangbuch gibt es ein Lied, das Martin Luther geschrieben hat. Der Titel lautet »Ein feste Burg ist unser Gott«. Doch wie kann Gott eine Burg sein? Erkläre, was damit gemeint sein könnte.

Aufgaben

 1. Verfasse einen **inneren Monolog** zu Daniel in der Löwengrube. Gehe dabei auch darauf ein, welche Gedanken und Bitten er an Gott richten könnte.
2. Überlege, ob der Psalm 23 auch für Daniel in seiner Situation ein passendes Gebet ist. Begründe deine Entscheidung.
3. »Deine Mitschülerinnen werden dich schon nicht auffressen!«, sagt Inas Mutter zu ihr. Sie wird zwar nicht in eine Löwengrube geworfen, aber sie hat ihren ersten Schultag an einer neuen Schule. Ina ist sehr nervös und hat ein wenig Angst, sich ihrer neuen Klasse vorzustellen.
Überlege, ob der Psalm oder die Geschichte von Daniel ihr helfen können.
 4. Erinnere dich daran, was du über das Gebet gelernt hast (S. 20/21), und erkläre, welche Form des Gebets Menschen, die Angst haben, helfen kann.

Wovon befreit uns Gott?

Gott führt Mose und sein Volk durch das Schilfmeer

Mose war der Anführer des Volkes Israel. Die Israeliten lebten lange Zeit als Sklaven in Ägypten. Nachdem Gott zehn Plagen über Ägypten kommen ließ, erlaubte der ägyptische Pharao den Israeliten den Auszug aus Ägypten. Sie waren erst wenige Tage unterwegs und lagerten gerade am Meer, als der Pharao die Israeliten plötzlich mit seinem Heer verfolgte.

Sklaven: Sie gehörten zum Besitz anderer Menschen, bekamen keinen Lohn für ihre Arbeit und konnten nicht frei über ihr Leben entscheiden.

Als der Pharao näher kam, blickten die Israeliten auf und sahen: Die Ägypter rückten hinter ihnen heran! Da bekamen die Israeliten große Angst und schrien zum HERRN. Sie beklagten sich bei Mose: »Gab es denn keine Gräber in Ägypten? […] Hast du uns in die Wüste gebracht, damit wir hier sterben? Es ist besser, dass wir in Ägypten Sklaven sind, als in der Wüste zu sterben.« Darauf sagte Mose zum Volk: »Habt keine Angst! Bleibt fest! Seht zu, wie der HERR euch heute rettet! […] Der HERR wird für euch kämpfen. Ihr aber sollt schweigen.« Der HERR sprach zu Mose: »Was schreist du zu mir! Befiehl den Israeliten, dass sie aufbrechen. Und du, hebe deinen Stab hoch! Strecke deine Hand aus über das Meer und teile es! Dann können die Israeliten auf trockenem Boden mitten durch das Meer ziehen. […]«

Mose streckte seine Hand aus über das Meer. Da trieb der HERR das Meer die ganze Nacht durch einen Ostwind zurück. Er machte das Meer zum trockenen Land, und das Wasser teilte sich. So konnten die Israeliten auf trockenem Boden mitten durch das Meer ziehen. Das Wasser stand rechts und links von ihnen wie eine Mauer. Die Ägypter aber verfolgten sie. Sie jagten hinter ihnen her mitten in das Meer – alle Pferde des Pharao, seine Streitwagen und Reiter. Kurz vor Morgengrauen sah der HERR nach den Ägyptern. Er blickte aus der Feuer- und Wolkensäule auf sie und brachte das Heer der Ägypter in Verwirrung. Er bremste die Räder ihrer Streitwagen, sodass sie nur mit Mühe vorwärts kamen. Da sprachen die Ägypter: »Lasst uns vor Israel fliehen! Denn der HERR kämpft für sie gegen Ägypten.«

2. Mose 14,10-16. 21-25

Gott und der Mensch **6**

Schabbat: Der jüdische wöchentliche Feiertag. Er beginnt am Freitagabend, wenn drei Sterne am Himmel zu sehen sind, und endet am Samstagabend. Es ist Juden am Schabbat verboten zu arbeiten, d. h. Tätigkeiten auszuüben, die sich von den 39 verbotenen Arbeiten beim Tempelbau ableiten lassen.

Synagoge: Heute ein Versammlungsraum, in dem die jüdische Gemeinde zusammenkommt, um zu beten und zu lernen

Geist: Eine dämonische Macht, die man sich als Person vorstellte. Sie kämpft gegen Gott und nimmt dabei einen Menschen völlig in Besitz.

Jesus heilt eine gekrümmte Frau

Immer am Schabbat lehrte Jesus in einer der Synagogen. Und sieh doch: Da war eine Frau. Seit achtzehn Jahren wurde sie von einem Geist geplagt, der sie krank machte. Sie war verkrümmt und konnte sich nicht mehr gerade aufrichten. Als Jesus sie sah, rief er sie zu sich. Er sagte zu ihr: »Frau, du bist von deiner Krankheit befreit!« Und er legte ihr die Hände auf. Sofort richtete sie sich auf und lobte Gott.

Lukas 13,10–13

Marion Leineweber, Jesus und die verkrümmte Frau

Zum Weiterdenken!

Welche Dinge »versklaven« oder »verkrümmen« uns eigentlich heute?

Aufgaben

1. Schreibe einen Tagebucheintrag für jemanden aus dem Volk Israel oder für einen Soldaten aus dem ägyptischen Volk.
2. Hilf der ehemals gekrümmten Frau, ihre Freude und ihren Dank auszudrücken und formuliere für sie einen Lobpreis.
   Nimm zur Vorbereitung die gekrümmte Position der Frau ein und laufe in dieser Position drei Minuten durch die Klasse. Richte dich nach drei Minuten auf und gehe ohne die Krümmung durch die Klasse.
3. Die beiden Geschichten stehen in ganz unterschiedlichen Büchern der Bibel. Vergleiche die in ihnen beschriebenen Gotteserfahrungen miteinander und erkläre den Zusammenhang zwischen den Geschichten.

109

Warum klagen Menschen Gott an?

Psalm 22,2.13–16

Mein Gott, mein Gott, warum hast du mich verlassen? Warum hilfst du nicht, wenn ich schreie, warum bist du so fern? Mein Gott, Tag und Nacht rufe ich um Hilfe, doch du antwortest nicht und schenkst mir keine Ruhe.
Viele Feinde umzingeln mich, kreisen mich ein wie wilde Stiere. Sie reißen ihre Mäuler auf, brüllen mich an wie hungrige Löwen. Ich zerfließe wie ausgeschüttetes Wasser, meine Knochen fallen auseinander. Mein Herz zerschmilzt in mir wie Wachs. Meine Kehle ist ausgedörrt, die Zunge klebt mir am Gaumen, ich sehe mich schon im Grab liegen – und du lässt das alles zu!

Gott und der Mensch 6

Fasten, beten und arbeiten

Zum Weiterdenken!

Welchen Sinn macht es eigentlich zu klagen?

Aufgaben

1. Überlege still, ob du auch schon einmal Gott angeklagt hast. Verfasse danach eine Klage an Gott zu einem der Fotos auf der linken Seite.
2. Luther erfährt Gott anfangs als fern oder bedrohlich. Verfasse auch seine Klage.
3. Vergleiche die beiden Klagen und arbeite Gemeinsamkeiten und Unterschiede heraus.
4. Ergänze deine Mindmap um die neu entdeckte Gotteserfahrung.
5. Welche Antwort findet Luther selbst auf seine Klage? Du hast sie bereits in Kapitel 1 auf S. 19 kennengelernt. Lies noch einmal den Text dort und trage auch diese Gotteserfahrung in deine Mindmap ein.

Wovon erlöst uns Gott?

»Ich bin ganz sicher, dass nichts uns von seiner Liebe trennen kann: weder Tod noch Leben, weder Engel noch Dämonen noch andere gottfeindliche Mächte, weder Gegenwärtiges noch Zukünftiges, weder Himmel noch Hölle. Nichts in der ganzen Welt kann uns jemals trennen von der Liebe Gottes, die uns verbürgt ist in Jesus Christus, unserem Herrn.«

Römer 8,38f.

Gottes Liebe ist stärker als der Tod

In manchen Todesanzeigen kannst du lesen: »Der Verstorbene ist heimgekehrt.« Oder: »Er ging zurück zu seinem Schöpfer.« Wie ist das wohl gemeint?

Christinnen und Christen sind davon überzeugt, dass der Tod nicht das Letzte ist. Die letzten Worte eines sowohl für die evangelische als auch die katholische Kirche wichtigen Glaubensbekenntnisses lauten: »Ich glaube an die […] Vergebung der Sünden, Auferstehung der Toten und das ewige Leben.«

Menschen, die so beten, glauben daran, dass Gottes Liebe stärker ist als der Tod und hoffen auf ein ewiges Leben in einer neuen Gemeinschaft mit Gott als Schöpfer und Vollender.

Dieser Glaube macht vielen Christinnen und Christen Mut und macht den Tod für sie weniger bedrohlich.

Aufgaben

 1. Betrachte das Bild. Stell dir vor, ein Mensch ist lange Zeit in einem unterirdischen Tunnel umhergeirrt und plötzlich findet er diese Treppe. Verfasse einen **inneren Monolog,** in dem du festhältst, was in dieser Person vorgeht.
2. Erkläre, was das Bild mit dem Text zu tun hat.

Vaterunser

Das Vaterunser ist das wichtigste Gebet der Christen. Sie sprechen es in jedem Gottesdienst und bei vielen anderen Gelegenheiten zu Gott. Man nennt das Vaterunser auch »Das Gebet des Herrn«, da es Jesus selbst schon mit seinen Jüngern gesprochen und es ihnen mit auf den Weg gegeben haben soll.

Vater unser im Himmel
geheiligt werde dein Name.
Dein Reich komme.
Dein Wille geschehe,
wie im Himmel, so auf Erden.
Unser tägliches Brot gib uns heute.
Und vergib uns unsere Schuld,
wie auch wir vergeben unsern Schuldigern.
Und führe uns nicht in Versuchung,
sondern erlöse uns von dem Bösen.
Denn dein ist das Reich
und die Kraft und die Herrlichkeit
in Ewigkeit.
Amen.

> Im Christentum ist ja immer wieder von »Erlösung« die Rede. Aber was soll diese Erlösung überhaupt sein? Über eine Antwort würde ich mich freuen!
> – Meryem

Zum Weiterdenken!
Gilt die Erlösung eigentlich für alle Menschen oder gibt es auch »Unerlöste«?

Aufgaben

1. Auf der Website *religionen-entdecken* können Kinder und Jugendliche ihre Fragen zum Thema Religion und Christentum loswerden. Verfasse eine Antwort auf Meryems Frage. Berücksichtige dabei auch die Ergebnisse aus Kapitel 1 (besonders S. 18/19) und der vorherigen Doppelseite.
2. Im Vaterunser werden viele für Christinnen und Christen zentrale Themen angesprochen. Erkläre, wie hier das Thema »Erlösung« verstanden wird.

7 WAS IST MIR HEILIG?

Was ist dir heilig?

Aufgabe

Die Texte und Abbildungen dieser Doppelseite zeigen, auf welch unterschiedliche Weise Menschen das Wort »heilig« verstehen. Notiere die Vorstellungen in einer **Mindmap**.

Ich empfinde eine schöne Erinnerung als heilig oder etwas, für das ich alles tun würde. Für mich sind meine Freunde und meine Familie sehr heilig, aber auch Gegenstände. Mein wichtigster Gegenstand ist eine Kette, die ich beim Abschied meiner Oma bekommen habe und die ich nicht einmal zum Einschlafen, Duschen oder Schwimmen abnehme.
Tamara, 12 Jahre

Mir sind viele Dinge heilig. Abgesehen von den offensichtlichen Sachen wie Freunde, Familie und Haustiere auch, so komisch das klingen mag, mein Computer und mein Handy. Denn damit verbringe ich meine Freizeit, und durch sie bleibe ich in Kontakt mit Freunden und Verwandten.
Tobias, 13 Jahre

Einmal hatten wir am Anfang der Gymnasialzeit einen Pappteller an den Rücken geklebt bekommen, und jeder Mitschüler hat eine positive Eigenschaft dort draufgeschrieben. Auch wenn ein Pappteller nicht mehr als 10 Cent kostet, ist dieser Teller für mich heilig, er macht mich stark.
Sophie, 12 Jahre

Sommertag

Unsere Seelen baumeln gemeinsam
Und trödeln Richtung Ewigkeit –
Rein und klar und weit,
Sonne atmend und Fliederdüfte:
Aus buntem Glas ein Augenblick
Aus Lerchengesang und
Glockenschlag –
Ich halte ihn zärtlich,
diesen heiligen Tag,
dass er nicht in den Händen
der Zeit zerbricht.

Anna Bineta Diouf, Hannover, 27 Jahre

Für manche Menschen sind auch Bibeltexte heilig. In einem Malwettbewerb zum Thema »Meine Lieblingsbibelgeschichte« haben diese Bilder zu Daniel 6 einen Preis bekommen. Beschreibe und vergleiche sie. Auf S. 106 findest du ein weiteres Bild und einen Text zu Daniel aus der Bibel: Kannst du verstehen, dass diese Geschichte eine große Bedeutung für viele Menschen hat?

Selina, 13 Jahre: Engel in der Löwengrube

Maja, 10 Jahre: Daniel und die Löwengrube

Aufgaben

1. Gestalte deine eigenen Vorstellungen von »heilig« in einem Text oder einem Bild.
2. Vergleiche deine Vorstellung von »heilig« mit denen dieser Doppelseite: Welche passen zu deiner Auffassung, welche weniger oder gar nicht?

Was mir an meiner Religion heilig ist

Judentum bedeutet für mich alles. Die Gemeinde ist wie eine Familie für mich, also eine Gemeinschaft. Ich trage immer meinen Davidstern und ab und zu auch meine Kippa auf der Straße, und ich rede sehr viel über das Judentum. Ich gebe preis, dass ich jüdisch bin, und ich will zeigen, dass das Judentum zu Deutschland gehört.

Judit R. Marach, 22 Jahre

Liz Sheyla Mosquera-Grote, 47 Jahre, katholisch

Ich komme aus Kolumbien und bin wegen meines Mannes nach Deutschland gekommen. Ich bin sehr aktiv in meiner Kirche. Ich bin Messdienerin, und ich helfe auch als Küsterin.

An meiner Gebetskette könnte ein Außenstehender erkennen, dass ich Buddhistin bin. Vielleicht auch daran, dass ich Fliegen oder Bienen im Raum einfange, um sie draußen wieder frei zu lassen. Wie leicht hat man ein kleines Tier totgetreten! Ich lernte eine gewisse Achtsamkeit zu entwickeln und insgesamt entspannter zu werden.

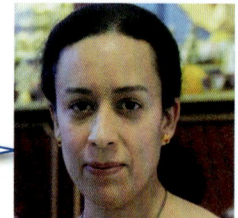

Myriam Abdel-Rahman Sherif, 41 Jahre

Ferdi Yildirim, 28 Jahre

Am Islam schätze ich besonders, dass ich mit ihm in jeder Lebenslage eine Antwort finde. Aus dem Glauben kann ich Kraft schöpfen, Seelenfrieden, Tiefgang. Das gibt mir Kraft, auch in den schwächsten Situationen. Der Islam erfüllt mein Leben mit Sinn.

Ich bin ein totaler Bibel-Fan. Ich habe ganz viele Bibeln zu Hause und vergleiche immer die unterschiedlichen Übersetzungen. Ich finde es ganz wichtig, dass wir die Worte Gottes nicht nur in der Kirche hören, sondern auch selbst lesen und auslegen.

Wencke Breyer, 37 Jahre, evangelisch

Was ist mir heilig? 7

- Gebetskette
- Buddhastatue 
- Mesusa 
- Koran 
- Kippa 
- Bibel 
- Davidstern 
- Fisch 
- Qibla-Kompass 

Infobox

»Heilig« geht auf das Wort »Heil« und »heil«, »ganz« zurück (vergleiche engl. holy und whole) und bezeichnet das ganz andere, Besondere im Gegensatz zum Normalen, Alltäglichen und Weltlichen. Im religiösen Bereich steht es in enger Verbindung zum Göttlichen und Vollkommenen. So gelten neben Gott selber auch Menschen, Orte, Zeiten und bedeutende Schriften der Religionen als heilig, in denen sich Gottes Nähe und Wirken zeigen.

Auf den Seiten 24–26 erfahrt ihr noch mehr über die Bedeutung von Religion für das Leben von Menschen.

Aufgaben

1. Ordne die abgebildeten Gegenstände den Religionen zu und informiere dich über ihre genauere Bedeutung.

2. Führe ein Interview mit Freunden oder Verwandten darüber, was ihnen an ihrer Religion wichtig ist,
   ODER
   bereite einen kleinen Vortrag vor, in dem du über deine eigene Religion erzählst.

3. Warum gelten die Bibel und Schriften anderer Religionen als heilig? Welche Merkmale machen sie zu »heiligen Büchern«? Und was bedeutet dies für den Umgang mit ihnen? Lies dazu im Bibelkapitel die S. 43–45.

7 Was ist mir heilig?

Heilige Orte

Marc Chagall, Moses am brennenden Dornbusch

Mose aber hütete die Schafe Jitros, seines Schwiegervaters, des Priesters in Midian, und trieb die Schafe über die Wüste hinaus und kam an den Berg Gottes, den Horeb. Und der Engel des Herrn erschien ihm in einer feurigen Flamme aus dem Dornbusch. Und er sah, dass der Busch im Feuer brannte und doch nicht verzehrt wurde. Da sprach er: Ich will hingehen und diese wundersame Erscheinung besehen, warum der Busch nicht verbrennt. Als aber der Herr sah, dass er hinging, um zu sehen, rief Gott ihn aus dem Busch und sprach: Mose, Mose! Er antwortete: Hier bin ich. Er sprach: Tritt nicht herzu, zieh deine Schuhe von deinen Füßen; denn der Ort, darauf du stehst, ist heiliges Land!

2. Mose 3,1-5

Aufgaben

1. Beschreibe das Bild von Marc Chagall. Achte dabei auch darauf, welche Farben er benutzt und wie er die Bildelemente anordnet. Findest du, dass das Bild zum Bibeltext passt?
2. Verfasse einen **inneren Monolog** des Mose
ODER
baue ein **Standbild** zusammen mit einer Mitschülerin/einem Mitschüler.
3. Erkläre den folgenden Satz von Mircea Eliade in deinen eigenen Worten:
Der heilige Stein, der heilige Baum werden nicht als Stein oder als Baum verehrt; sie werden verehrt, weil sie etwas »zeigen«, was nicht mehr Stein oder Baum ist, sondern das *Heilige*, das *ganz andere*. *Mircea Eliade, Religionswissenschaftler*

Infobox

Heilige Orte sind für Menschen zu allen Zeiten Kraftorte gewesen, an denen sie ganz besondere Erfahrungen gemacht haben, die ihr Leben geprägt und ihm Orientierung gegeben haben. Deshalb siedelten Menschen in der Nähe solcher Orte und errichteten dort auch religiöse Bauten.

Aufgaben

1. Informiere dich über den Kölner Dom
   ODER
   recherchiere z. B. im Internet weitere heilige Stätten und ihren Ursprung.
2. Erzähle von eigenen »heiligen Orten« und begründe, warum sie zu heiligen Orten für dich geworden sind.

7 Was ist mir heilig?

Erfahrung des Heiligen?

Alle paar Sonntage in den Dom zu gehen – das war in jenen Kinderjahren eines der Erlebnisse, die mich gewiss am stärksten geprägt haben. Schon von Weitem waren die mächtigen Domglocken zu hören, ihr schwerer Klang erfüllte das ganze Rheintal und zog einen wie magisch in die Nähe des hohen, schwarzen Gebirges aus Stein, das auf einer kleinen Anhöhe stand, zu der man über viele Stufen hinauf gelangte.

Ich weiß noch genau, wie sehr ich damals bei jedem Betreten des Kirchenraumes erschrak, denn sofort nach Passieren des großen Portals ging der Blick ja hinauf, in die schwindelerregenden Höhen, an den Pfeilerbündeln und bunten Kirchenfenstern entlang. Hinzu kam eine plötzliche, heftige Kühle, es war, als hauchte einen diese eisige Kühle von den Pfeilern und grauen Steinen her an und als bliesen all diese Steine einem ihren jahrhundertealten, leicht modrigen Atem entgegen. Etwas Säuerliches, Bitteres war in diesem Atem, etwas, das einen zurückschrecken und hilflos werden ließ, man wusste nicht genau, ob man in diesem Bau denn auch willkommen war, so viel Fremdheit und Strenge begegneten einem.

Schließlich war es aber so weit, ein feines, helles Glöckchen meldete sich, und dann standen alle rasch, mit einer einzigen, entschlossenen Bewegung, auf, und die Orgel begann etwas sehr Lautes zu schmettern, unglaublich laut brauste ihr Klang, als rauschten viele Engel zugleich mit ihren Flügeln und sausten wie im Sturm zwischen den Pfeilern hindurch, hinauf, bis unter das Dach und pfeilschnell an den bunten Fenstern aus Glas vorbei, die ich so gerne betrachtete. Im Dom lernte ich also das eigentliche Sehen und Hören, ein Hören der reinsten Musik. Sie füllte den Kindskörper aus, es war, als gösse der gewaltige Gott diese Musik in einen hinein, damit man allen Kummer und alle Sorgen zumindest für die Dauer des Gottesdienstes vergaß.

Hanns-Josef Ortheil

Aufgaben

1. Der katholische Schriftsteller Hanns-Joseph Ortheil beschreibt in diesem Textauszug seine Kindheitserfahrungen in den 50er Jahren im Kölner Dom. Wie wirken sie auf dich?
2. Notiere aus dem Text wichtige Begriffe und (Teil-)Sätze, mit denen er seine Erfahrungen beschreibt: Würdest du sie als Erfahrung des Heiligen bezeichnen?

Was ist mir heilig? 7

„Heiliger Rasen"

Die Heimat, die Landschaft, eine bestimmte Straße oder Ecke in der ersten fremden Stadt, die man in der Jugend besucht hat. Alle diese Orte behalten selbst für den unreligiösen Menschen eine außergewöhnliche, »einzigartige« Bedeutung: Sie sind die »heiligen Stätten« seines privaten Universums. Die Wohnung ist kein Gegenstand, keine »Wohnmaschine«; sie ist das Universum, das der Mensch sich baut. Jede Errichtung, jede Einweihung einer neuen Wohnung kommt einem Neubeginn, einem neuen Leben gleich.

Mircea Eliade, Religionswissenschaftler

Aufgaben

1. Diskutiert, ob Bezeichnungen wie »heiliger Rasen« und »Erfahrung des Heiligen« in diesem Zusammenhang passend sind. Sucht dazu auch nach weiteren Beispielen in Zeitungen oder im Internet.
2. Gib den Text in deinen eigenen Worten wieder. Erkläre dabei, was M. Eliade mit dem »privaten Universum« und »Neubeginn«/»neues Leben« meint.
3. Beschreibe dein persönliches »privates Universum«, zum Beispiel dein Zimmer oder ein besonderes Möbelstück.

Evangelische Kirchen – katholische Kirchen

Infobox

In der Zeit des Neuen Testaments fanden die Zusammenkünfte der Christen zunächst in Privathäusern statt. Später sorgten reiche Christen für den Bau spezieller »Häuser der Kirche«, aus denen sich wiederum Kirchen entwickelten. Oft wurden Kirchengebäude nach Osten ausgerichtet, weil der Sonnenaufgang als Symbol für die Auferstehung Jesu Christi verstanden wurde und der Osten als Ort des Paradieses galt. Das bedeutet, der Chorraum mit dem Altar zeigte nach Osten, der Haupteingang lag im Westen, Norden oder Süden. In vielen Kirchen gibt es neben dem sogenannten Mittelschiff auch Seitenschiffe und in katholischen Kirchen Beichtkapellen. Die folgenden Einrichtungsgegenstände findet man in evangelischen und katholischen Kirchen: die Kanzel, das Taufbecken, die Osterkerze, den Altar mit den Paramenten (Altardecken), Abendmahlsgeräte, die Sakristei, ein Lesepult, Liedtafeln und Gesangbücher, das Gestühl und die Orgel. Viele ursprünglich katholische Kirchen wurden in der Reformationszeit in evangelische umgewandelt. Zum Teil finden sich noch heute typisch katholische Gegenstände in ihnen.

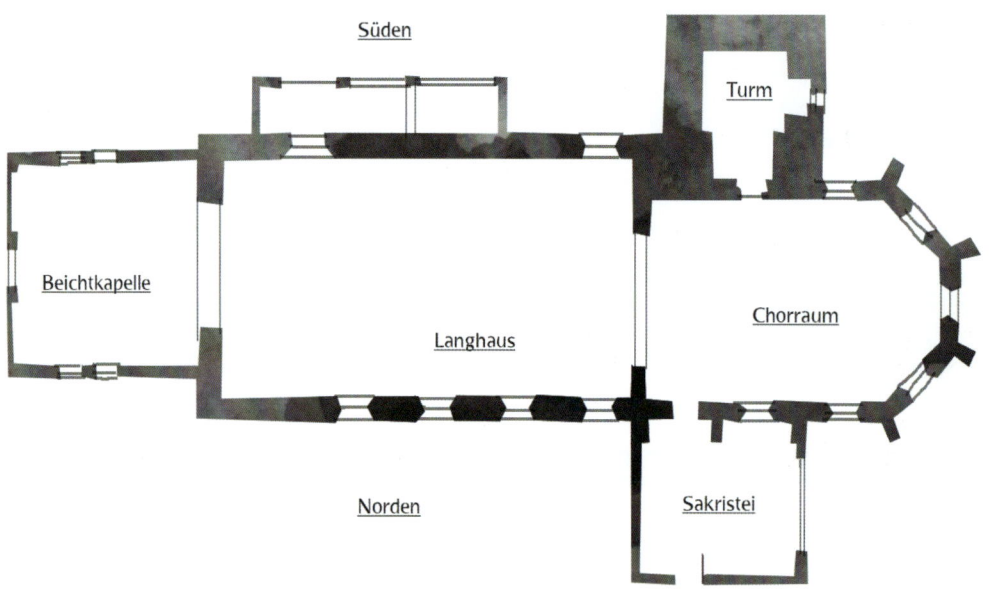

Aufgabe

Zeichne den Grundriss einer Kirche in dein Heft und trage die genannten Merkmale und Gegenstände ein. Vielleicht fallen dir noch weitere ein?

Was ist mir heilig? 7

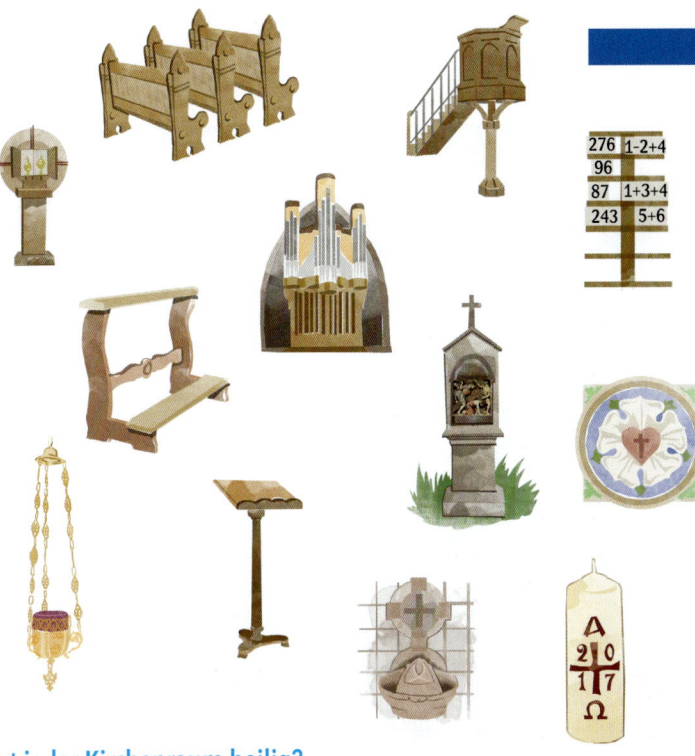

Aufgaben

1. Es gibt viele Gemeinsamkeiten, aber auch Unterschiede zwischen evangelischen und katholischen Kirchen. Ordne in einer Tabelle die Abbildungen nach Gemeinsamkeiten und Unterschieden.
2. Tauscht euch zu zweit oder in Kleingruppen aus: Welche Kirchen habt ihr schon einmal besichtigt? Welche Erinnerungen habt ihr an die abgebildeten oder andere Gegenstände?
3. Erkundigt euch bei eurer eigenen oder einer anderen Kirchengemeinde (z. B. anhand eines Gemeindebriefes), wie der Kirchenraum genutzt wird

Ist jeder Kirchenraum heilig?

> Im Glaubensbekenntnis sprechen wir katholische Christen: »Ich glaube an den Heiligen Geist, die heilige katholische Kirche.« Und in den Psalmen der hebräischen Bibel steht häufig etwas vom »Haus Gottes«. Daher wird eine katholische Kirche feierlich Gott geweiht und unter den Schutz eines Heiligen, des Heiligen Geistes oder Marias gestellt. Das nennt man Patrocinium – Schutzherrschaft.

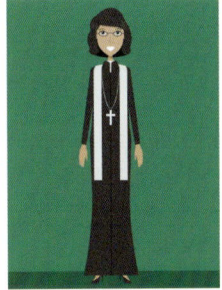

> In der hebräischen Bibel steht aber auch, dass die *Menschen* das Haus Gottes sind, nicht Steine! Eine Kirchweihe kennen wir evangelische Christen auch. Sie bedeutet die Einweihung einer Kirche und den Beginn kirchlicher Handlungen, allerdings ohne den besonderen Schutz eines Heiligen.

Auf S. 44 findest du weitere Informationen zur Bibel.

4. »Ist jeder Kirchenraum heilig?« – Welche Antwort würdest du persönlich geben? Du kannst dazu auch folgende Bibelstellen lesen: Ps 132,4–8; 3. Mose 19,2; Ps 84,4–5.

Synagoge und Moschee

Infobox

Die ersten Synagogen entstanden wahrscheinlich im 6. Jh. v. Chr. Es gibt unterschiedliche hebräische Begriffe für eine Synagoge: bet knesset (Haus der Versammlung), bet midrasch (Haus des Lernens) oder auch bet tefillah (Haus des Gebets). Schon an diesen Begriffen wird deutlich, dass die Synagoge vom Tempel zu unterscheiden ist. Sie ist kein geweihter Raum, sondern vor allem ein Versammlungsort der Gemeinde, an dem es vielfältige Veranstaltungen gibt. Der Jude Lionel Blue nennt die Synagoge ein religiöses Rathaus, in dem Menschen kommen und gehen und sich oft lautstark unterhalten. Heilig ist sie nicht, vielmehr ist für die Juden die Tora als Leitfaden ihres Handelns heilig. Daher dürfen Torarollen auch nur mit einem kleinen, oft silbernen Stab berührt werden, dem »Jad« oder »Torafinger«.

Auf S. 43 findest du weitere Informationen zur Tora.

7 Was ist mir heilig?

Auf S. 45 findest du weitere Informationen zum Koran.

Infobox

»Heilig« sind im Islam Gott, die Gesandten und der Koran. Da die gesamte Schöpfung zu Gott gehört, gibt es im Islam keine besonderen heiligen Orte. Die Moschee (Jami') ist in Richtung Mekka ausgerichtet und ein Versammlungsort für das gemeinschaftliche Beten, Feiern und Trauern. Zwar kann auch jeder beliebige Ort außerhalb einer Moschee zum Gebet in Richtung Mekka genutzt werden, aber es ist für Muslime wichtig, auch in der Moschee zu beten: So ist das Freitagsgebet für muslimische Männer verpflichtend. Voraussetzung für das Betreten einer Moschee ist es, dass man sauber ist, die Schuhe auszieht und die Gemeinschaft nicht durch Lärm stört.

Aufgaben

1. Stelle in Stichpunkten die wichtigsten Informationen zu Kirche, Synagoge und Moschee zusammen. Ergänze deine Aufzeichnungen anhand des Bibelkapitels.
2. Erkundige dich, ob es in deinem Wohnort eine Synagoge oder eine Moschee gibt und wie das Gemeindeleben dort aussieht,
   ODER
   befrage deine Mitschülerinnen und Mitschüler und Nachbarinnen und Nachbarn, wie sie ihre religiösen Häuser nutzen.

Zum Weiterdenken!

Gibt es bestimmte Verhaltensregeln beim Besuch einer Kirche? Formuliere Regeln, die du wichtig findest.

Keine Fest-Zeiten ohne Rituale

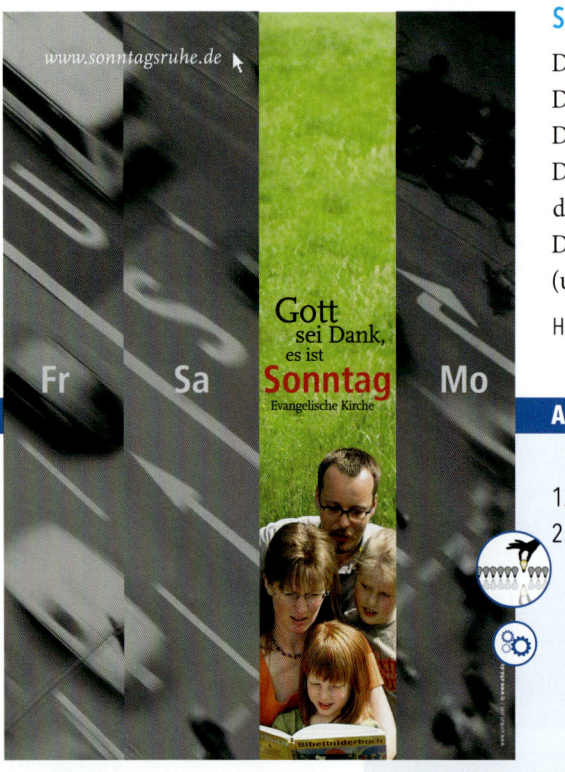

Sonntags aufwachen

Das Gefühl, es sei draußen stiller als werktags
Das Gefühl, man bewege sich langsamer als werktags
Das Gefühl, die Welt sei feierlicher und ernster als sonst
Das Gefühl, der Tag beginne eigentlich erst nach dem Gottesdienst
Das Gefühl, man müsse sich besser überlegen, was man sagt (und dürfe auf keinen Fall irgendeinen Quatsch reden)

Hanns-Joseph Ortheil

Aufgaben

1. Beschreibe, wie Hanns-Joseph Ortheil seinen Sonntag erlebt.
2. Verfasse einen eigenen Text mit dem Titel »Sonntags aufwachen«
   ODER
   entwirf ein **Plakat**, mit dem du für den Sonntag wirbst. Ein Beispiel für ein solches Plakat findest du am linken Rand.

Weil unser Leben ein beständiges Fest ist, feiern wir das Leben in den Ritualen. So bekommt es einen festlichen Charakter. Das Ritual zieht den Alltag aus einer leeren Routine heraus und gibt ihm den Glanz eines Festes. Der Sinn des Festes ist, dass der Mensch dem Leben zustimmt.

In der Adventszeit haben wir in unserem Kloster zum Beispiel vor dem Abendessen am Samstag das Ritual, dass der Speisesaal ganz dunkel ist und nur die Kerzen am Adventskranz brennen. Das Ritual ruft all die Erinnerungen in mir wach, die ich seit meiner Kindheit mit der Adventszeit verbinde.

Rituale sind der Ort, an dem Gefühle ausgedrückt werden, die sonst nur selten oder gar nicht zum Ausdruck kommen. Das tut den Menschen gut.

Anselm Grün, Benediktinerpater und Schriftsteller

Zum Weiterdenken!

Viele Menschen haben nicht nur für Festtage, sondern auch im Alltag Rituale. Welche kennst du und wozu dienen sie?

3. Lies den Text von Anselm Grün sorgfältig. Notiere die Formulierungen, mit denen er die Bedeutung von Ritualen beschreibt. Antworte ihm in einem Brief, in dem du auch von eigenen Ritualen erzählst.
4. Weihnachten soll dieses Jahr ausfallen – so beschließen es deine Eltern. Man könne das Geld besser für andere Dinge ausgeben. Wie reagierst du und was wirst du deinen Eltern sagen?

Weihnachten im Judentum und im Islam?

In Hannover wird zu Chanukka ein sieben Meter hoher Leuchter aufgestellt

Wir feiern nicht Weihnachten, sondern das Chanukkafest. Es beginnt immer am 25. Tag des jüdischen Monats Kislew und dauert 8 Tage lang. Ähnlich wie in der Adventszeit zünden wir nach Sonnenuntergang Kerzen an, aber nicht 4, sondern 8. Wenn die letzte Kerze brennt, singen wir Chanukka-Lieder, bekommen Geschenke und essen viel Süßes.

Während des Chanukka-Festes erinnern wir uns daran, dass die Juden unter syrischer Herrschaft ihre religiösen Rituale nicht ausüben durften. Weil der Syrerkönig die griechische Kultur bewunderte, wurden sogar griechische Götterstatuen im Tempel aufgestellt und die Ausübung der jüdischen Religion mit dem Tode bestraft. Erst nach einem Aufstand, der mehrere Jahre dauerte, konnten die Juden im Jahre 164 v. Chr. ihren Tempel wieder einweihen. Die Freude darüber ist bis heute im Chanukka-Fest zu spüren.

Am 12. Tag des 3. Monats (Rabīʿ al-auwal) des islamischen Mondkalenders feiern wir den Geburtstag Muhammads in einem fröhlichen Fest. Es gibt ein Straßenfest mit Spielen und Buden, das ein bisschen an die Weihnachtsmärkte erinnert. Auch werden Gedichte über Muhammad vorgelesen. 2015 fielen der Geburtstag Muhammads und der Heilige Abend auf einen Tag. Das passiert ganz selten, das letzte Mal 1852. In manchen muslimischen Ländern ist die Geburtstagsfeier Muhammads verboten, weil im Koran nichts davon steht und wir unseren Propheten nicht vergöttern sollen.

Bei den Vorbereitungen zur Feier von Muhammads Geburtstag

Aufgabe

Kann man wirklich von »Weihnachten im Judentum und im Islam« sprechen? Schreibe dazu deine eigene Position auf und begründe sie
- mit den Informationen dieser Seite,
- damit, was dir Mitschülerinnen und Mitschüler, Freundinnen und Freunde und Bekannte darüber erzählen, wie sie ihre Feste im Dezember feiern,
- und/oder mit deinen eigenen Kenntnissen und Ideen.

Die Feste der monotheistischen Religionen

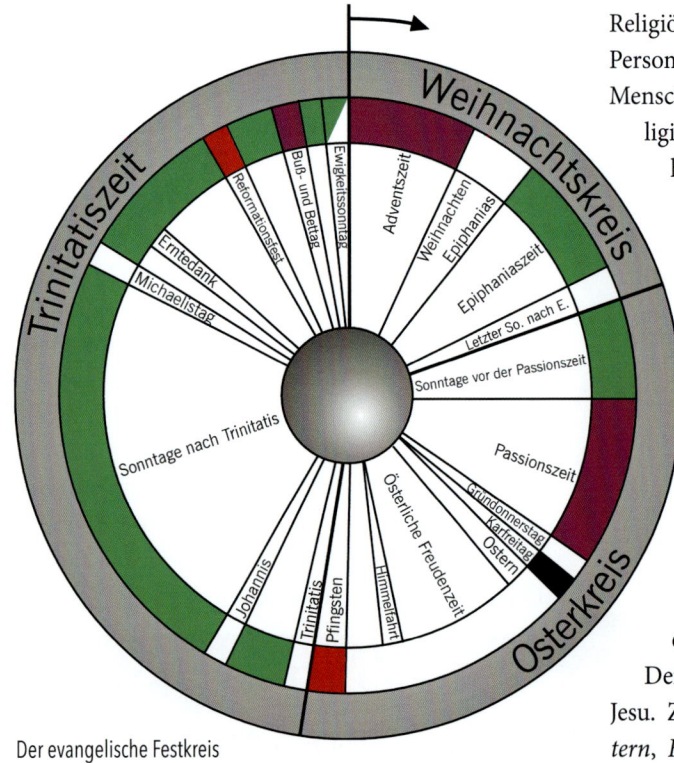

Der evangelische Festkreis

Geburt Jesu:	letztes Mahl Jesu:
Lk 2,1–20	Mt 26,17–28
Kreuzigung und Tod Jesu:	Auferstehung Jesu:
Mt 27, 27–50	Lk 24,1–9
Himmelfahrt:	Geburtstag der Kirche:
Apg 1,6–11	Apg 2,1–12

Religiöse Feste erinnern an bestimmte Ereignisse und Personen der jeweiligen Religionen. Dadurch können Menschen auch heute in die lange Geschichte ihrer Religion eintauchen. Da sich die Feste jährlich wiederholen, werden sie in *Festkreisen* dargestellt. Im Christentum unterscheidet sich das Kalenderjahr vom Kirchenjahr. Sein Beginn ist der 1. Advent, sein Ende der *Ewigkeitssonntag* (ev.) und *Christkönigssonntag* (kath.). Beide Konfessionen haben den *Weihnachts- und Osterkreis*. Zum Weihnachtskreis gehören: die *Adventszeit* (Warten auf die *Ankunft* Jesu), das *Weihnachtsfest* und der *Epiphaniastag* (die *Offenbarung* der Göttlichkeit Jesu *am 6. Januar*). Er erinnert an Geburt, Taufe und das erste Wunder Jesu, heute besonders an die Ankunft der Weisen aus dem Morgenland. Daher feiern orthodoxe Christen an diesem Tag Weihnachten. Der Osterkreis erinnert an das Leiden und Sterben Jesu. Zu ihm gehören: *Gründonnerstag, Karfreitag, Ostern*, *Himmelfahrt* und *Pfingsten*. Ostern zählt zu den *beweglichen* Festen, da es nicht an einem festen Datum liegt, sondern immer auf den Sonntag nach dem ersten Vollmond nach Frühlingsbeginn fällt. Bewegliche Feste sind auch *Himmelfahrt* (40 Tage nach Ostern) und das *Pfingstfest* (50 Tage nach Ostern). Die Zeit von Pfingsten bis zum Ende des Kirchenjahres heißt bei evangelischen Christen *Trinitatiszeit* (Dreifaltigkeit), bei Katholiken *Zeit des Jahreskreises*. In diese Zeit fallen das *Erntedankfest*, der *Buß- und Bettag*, der *Reformationstag* (ev. 31.10.) und *Allerheiligen* (kath. 1.11.).

Aufgaben

1. Lest arbeitsteilig die Bibeltexte zu den einzelnen Festen und ordnet sie den Festen zu. Die Angaben zu den Bibelstellen findet ihr im Kasten links.
2. Die Farben, die du im Festkreis siehst, heißen »liturgische Farben«. Sie bringen die Atmosphäre der einzelnen Feste zum Ausdruck. Man findet sie auch in den Paramenten (Altardecken) im Gottesdienst wieder. Überlege die jeweilige Bedeutung der Farben.
3. Übertrage den Festkreis mit den Festen und liturgischen Farben in dein Heft.

Was ist mir heilig? 7

Aufgaben

1. Lest die jeweiligen Bibeltexte und stellt euch die jüdischen Feste gegenseitig vor.

Wochenfest/Schawuotfest: 5. Mose 16,9–12

Neujahrsfest/Rosh Haschana: 3. Mose 23,23–25

Versöhnungstag/Jom Kippur: 3. Mose 23,26–32

Pessachfest: 5. Mose 16,1–4

Laubhüttenfest/Sukkotfest: 3. Mose 23,39.42–43

Purim: Ester 9,20–28

Chanukkafest: 1. Makkabäer 4,36–40.48–51.56–59

Der jüdische Festkreis

Auf den Seiten 30–37 erfahrt ihr noch viel mehr über Ibrahim/Abraham.

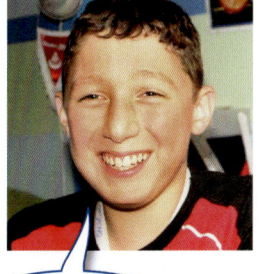

Infobox

Das muslimische Jahr ist ein reines Mondjahr und besteht aus 12 Monaten mit jeweils 29 oder 30 Tagen. Da es jährlich 11 Tage kürzer als unser Sonnenjahr ist, verschiebt sich der muslimische Kalender gegenüber unserem Kalender. Wichtige Festtage hängen mit dem Leben des Propheten Muhammad zusammen: Das dreitägige Fest des Fastenbrechens (Ramadanfest) am Ende des Fastenmonats Ramadan erinnert an den Monat, in dem Muhammad der Koran offenbart wurde. Dieses Fest ist für Muslime so wichtig wie Weihnachten für Christen. Das höchste Fest ist jedoch das Opferfest (Kurban Bajram): Es erinnert daran, dass Ibrahim bereit war, Gott seinen Sohn Ismail zu opfern. Allah (Gott) verhinderte die Tat jedoch und ließ ihn stattdessen einen Widder schlachten.

> Ich habe mir Spiele für meine PlayStation gewünscht.

> Ich freue mich am meisten, weil ich alle meine Cousins beim Zuckerfest sehen werde.

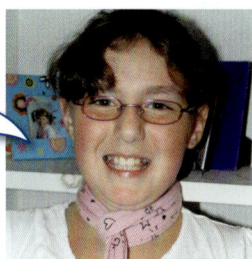

2. Informiere dich genauer darüber, wie Juden und Muslime ihre Feste feiern: Wähle dazu eines der genannten Feste aus und bringe einen Gegenstand mit, der etwas über dieses Fest erzählt.

Allerheiligen – Können Menschen heilig sein?

Am 1.11. feiern wir Katholiken das Fest Allerheiligen. Es ist für uns ein Höhepunkt im Kirchenjahr und in vielen Bundesländern ein gesetzlicher Feiertag. Weil 365 Tage im Jahr nicht ausreichen, um jedem verehrten Menschen einen eigenen Gedenktag zu widmen, haben wir für unsere knapp 7000 Heiligen und Seligen diesen besonderen Feiertag. Heilig sind z. B. Märtyrer; das sind Menschen, die einen besonders festen Glauben hatten, für den sie auch bereit waren zu sterben. Auch Einsiedler, Bischöfe und Ordensleute, die etwas ganz Besonderes getan haben, gelten als heilig. Wir glauben, dass Gott Wunder vollbracht und Menschen geheilt hat, wenn Heilige ihn darum gebeten haben. Darum verehren wir unsere Heiligen, indem wir uns vor ihren Bildern verbeugen oder sie küssen. Wichtig sind für uns auch ihre Reliquien, ihre Knochen oder Dinge, die sie vielleicht einmal berührt haben. Wir glauben, dass Heilige uns in ganz besonderer Weise vorgelebt haben, wie wir Jesus nachfolgen können. Deshalb sind sie für uns wichtige Vorbilder. An Allerheiligen gehen wir auf die Friedhöfe und zünden Kerzen auf den Gräbern an.

Für evangelische Christen ist Allerheiligen kein Feiertag. Wir glauben, dass allein zu Gott gebetet wird. Wenn Menschen verehrt werden, könnte die Grenze zwischen Gott und Mensch verwischt werden. Auch glauben wir, dass Menschen keinen besonderen Vermittler zwischen sich und Gott brauchen. Allerdings gibt es für uns auch wichtige Vorbilder, wie zum Beispiel Martin Luther King, Katharina von Bora oder Albert Schweitzer. Auf die Friedhöfe gehen wir auch und zünden Kerzen für die Verstorbenen an, allerdings am Ewigkeitssonntag, dem letzten Sonntag des Kirchenjahres vor dem 1. Advent.

Aufgaben

1. Stelle in Stichpunkten die katholische und die evangelische Position zur Heiligenverehrung dar.
2. Frage katholische Bekannte, ob sie ihren Namenstag feiern und welche Heiligen mit diesem Tag verbunden sind.

Was ist mir heilig? 7

»Die Erinnerungen an bedeutende Menschen sind wie Briefe aus der Ferne, die einem helfen, die Gegenwart zu lesen und zu erkennen, was sie hat und was ihr fehlt.«
Fulbert Steffensky

Mutter Teresa
Maximilian Kolbe
Martin Luther King
Albert Schweitzer

Zum Weiterdenken!

In manchen Religionen gibt es auch heilige Tiere. Sollten Tiere auch im Christentum heiliggesprochen werden?

Aufgaben

1. Erkläre den Satz von Fulbert Steffensky in eigenen Worten.
2. In diesem Plakat werden evangelische und katholische Christen gemeinsam dargestellt. Findest du das richtig?
3. Informiere dich genauer über die markierten Heiligen.
4. Sollten alle Christen bestimmte Menschen als Heilige verehren? Begründe deine Antwort und beziehe dabei die Informationen dieser Doppelseite ein.

7 Was ist mir heilig?

Übergänge

Konfirmation

Infobox

Konfirmation (ev.) und Firmung (kath.) sind wichtige kirchliche Feste für Jugendliche im Alter von ca. 14 Jahren. Nach 1–2 Jahren Vorbereitungszeit sagen sie in einem feierlichen Gottesdienst JA zu ihrer Taufe: Sie bestätigen damit die Bedeutung des christlichen Glaubens als Wegweiser für ihr Leben und die Zugehörigkeit zur Kirche. Beide Worte gehen auf das lateinische Wort firmare (bestätigen, bekräftigen) zurück. Anders als die Konfirmation gilt die Firmung als Sakrament, ein Zeichen Gottes, durch das der Firmling mit dem Heiligen Geist beschenkt wird. In beiden Feiern wird der Jugendliche durch Handlauflegung gesegnet und damit für sein zukünftiges Leben gestärkt. Der Firmling bekommt vom Bischof ein Kreuz aus geweihtem Öl auf die Stirn gezeichnet. Konfirmation und Firmung markieren den Übergang ins kirchliche Erwachsenenalter. Damit verbunden ist das Recht, Pate zu werden und am Abendmahl teilzunehmen (ev.). Katholiken dürfen bereits ab der Erstkommunion an der Eucharistiefeier teilnehmen. Früher, als das Schuljahr noch im Frühjahr endete und 14-jährige Volksschüler ihre Schulzeit abschlossen, bedeuteten Konfirmation und Firmung zugleich den Eintritt ins bürgerliche Erwachsenenalter.

Firmung

Infobox

Am Schabbat nach seinem 13. Geburtstag wird ein jüdischer Junge religiös mündig, er wird ein »Sohn der Pflicht« (Bar Mizwa). Damit ist er Teil des Minjan, der Anzahl von 10 religiös mündigen Männern, die für die Feier eines Gottesdienstes erforderlich sind. Die Feier dieses Ereignisses heißt ebenfalls Bar Mizwa. Nach einer längeren Vorbereitungszeit legt der Junge an diesem Tag die Gebetsriemen und den Gebetsmantel an und darf erstmals einen Tora-Abschnitt vorlesen. Dieses Recht haben Mädchen meist nicht. Allerdings gibt es auch für sie eine ähnliche Feier, die Bat-Mizwa (Tochter der Pflicht), in der die junge Frau zum Beispiel einen kleinen Vortrag zu einem religiösen Thema hält und damit ihre religiöse Mündigkeit zeigt.

Die Bar Mizwa-Feierlichkeiten stellen an Üppigkeit jeden Hochzeitsempfang in den Schatten. Sidney steigt die Stufen zur Bima hinauf. Ein Raunen geht durch den Raum und die ganze Schar der weiblichen Verwandten auf der Empore reckt die Hälse. Der Rabbiner begrüßt Sidney wohlwollend und zeigt mit dem silbernen Torafinger auf den Anfang des letzten Teils des Wochenabschnitts. Sidney berührt die Stelle mit den Fransen seines Gebetsschals, den er daraufhin küsst. Dann verliest er mit klarer Stimme den Segen. Es sind dieselben hebräischen Worte, die Sidneys Vorgänger an diesem Morgen auch schon vorgebetet haben, manche voll Eifer, andere gedankenlos, manche selbstbewusst, andere mit ängstlichem Blick auf den Spickzettel, der in einem kleinen Rahmen am Lesepult befestigt ist. Sidney kann die Verse auswendig. Er hat in den letzten acht Monaten gepaukt und ist fest entschlossen, heute die Früchte dieser Mühen zu ernten. Es macht nichts, dass der Text weder Vokale noch Satzzeichen enthält, Sidney kann ihn in- und auswendig. Er nimmt den Platz des »amtlichen« Lesers ein, stürzt sich voller Selbstvertrauen in seine Aufgabe, und schon nach zwei Minuten hat er sie ohne Fehler bewältigt.

Herman Wouk

 **Gebetsriemen/Tefillin:** Lederriemen mit einer kleinen Kapsel, in der sich Texte aus der Tora befinden, z. B. das wichtigste Gebet der Juden: das Sch'ma Israel

 **Gebetsmantel/Tallit:** Weißer Schal mit schwarzen oder blauen Streifen und Fransen als Symbol für die göttlichen Gebote

 **Bima:** Vorlesepult

Torafinger/Jad: Kleiner silberner Finger zum Lesen der Tora, damit man die kostbare Schrift nicht mit bloßen Händen berührt

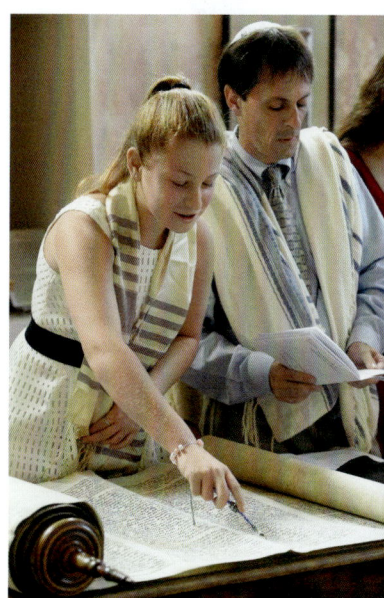

Mädchen bei seiner Bat Mizwa

Aufgaben

Zum Weiterdenken!

Darf man diese Feste allein wegen der Geschenke feiern?

1. Notiere in einer Tabelle Gemeinsamkeiten und Unterschiede zwischen den vier Übergangsfesten.
2. Verfasse einen Erlebnisbericht über eine Konfirmation oder eine Firmung, an der du teilgenommen hast,
   ODER
   lasse dir darüber von jemandem erzählen und berichte anhand eigener Notizen.

7 Was ist mir heilig?

Als die Septemberfee den Sommer verabschiedete

Längst hatte sich der August verabschiedet. »Es ist an der Zeit zu gehen«, rief er dem Sommer zu. »Viel zu warm«, wehrten sich die Zugvögel. »Bei dieser Sommerwärme ist nicht an einen Flug ins Winterquartier zu denken.« – »Viel zu schön, um schon Wintervorräte zu sammeln«, murrten die Tiere in den Feldern und Wäldern. »Es ist zu früh!«, riefen die Kinder. »Wir möchten ins Schwimmbad gehen und Spaß haben. Herbst ist doof.« Herbst ist doof? Diese Worte hallten unfroh der Septemberfee entgegen. Nur ganz leise und behutsam näherte sie sich dem Land. »Veränderungen«, sagte sie, »sollen langsam stattfinden. So sind sie weniger schmerzlich. Das Ende des Sommers aber schmerzt alle viel zu sehr, die Menschen ebenso wie die Natur.« Die Fee des Monats September seufzte. Ihre Aufgabe war nicht einfach. Die Menschen würden mit Bedauern auf die kürzer werdenden Tage blicken und an den Abschied von Wärme und Licht denken. »Sie sollen ihn lieben, den Herbst. So wie sie den Sommer lieben«, sagte die stille, weise Fee. »Deshalb muss ich ihnen die Tage versilbern wie edle Schmuckstücke.«

Und sie begann mit ihrer Arbeit. Zart legte sie in den frühen Morgenstunden helle Nebelschleier über Bäche, Flüsse, Seen und Täler und umhüllte Blumen, Kräuter, Gräser, Büsche und Bäume mit dünnen Silberfäden. Dann breitete sie ihren Zauberumhang, der aus allen Farben des Jahres gesponnen war, aus und pustete Abermillionen kleiner Funkelgeister über das Land: Das Land funkelte und strahlte und man meinte, man blicke in eine riesengroße Schatztruhe voller Gold, Silber und Juwelen. »Ein Wunder«, riefen die Menschen, wenn sie am Morgen auf dem Weg zur Arbeit, zur Schule oder zum Kindergarten das Septemberwunder sahen. »Schööön«, riefen sie und freuten sich: »Der September ist ein würdiger Nachfolger des Sommers.« »Schööön«, murmelte auch die Septemberfee, wenn sie die Freude im Land sah. Am meisten aber freute sie sich, wenn die Kinder nun »Herbst ist toll« sagten.

Elke Bräunling

Aufgaben

Umzug

Hochzeit

Verlobung

Einschulung

Abitur

Beerdigung

1. Notiere aus dem Text Begriffe und (Teil-)Sätze, die den Übergang vom Sommer zum Herbst beschreiben, und erkläre die Rolle der Septemberfee in diesem Übergang.
2. Wähle einen Übergang aus und beschreibe (z. B. in einem Gedicht, einem Rap oder einer Collage), wie du selbst oder jemand anderes ihn erlebt und gestaltet hat.
3. Erkläre den Zusammenhang zwischen dem Märchen und Übergängen: Du kannst dazu einen bestimmten Übergang mit Begriffen aus dem Märchen in Verbindung bringen (z. B. Abschied, Veränderung, Zauberumhang).

Michal Karcz, Ultima Thule

Aufgaben

1. Nenne deine Gedanken zu dem Bild.
2. Der Künstler beschreibt seine Arbeit so: »Die meisten meiner Arbeiten sind wie Reisen an Orte, die nicht existieren. Orte aus meinen Träumen, Wünschen, meiner Vorstellungskraft und meinen Ängsten.« Erkläre seine Aussage in deinen eigenen Worten. Passen sie zu deinen Gedanken?

3. Wähle eine der folgenden Aufgaben aus:
Schreibe zu dem Bild einen Text, in dem du einen Zusammenhang zum Begriff »heilig« herstellst. Du kannst dabei Inhalte und Anregungen aus diesem Kapitel einbeziehen.
ODER
Gestalte in einem eigenen Text oder Bild deine persönliche Antwort auf die Frage in der Kapitelüberschrift: »Was ist mir heilig?«

8 WIE SÄHE EINE PERFEKTE WELT AUS?

Ideen

> Drei Dinge sind uns aus dem Paradies geblieben: die Sterne der Nacht, die Blumen des Tages und die Augen der Kinder.
>
> Dante Alighieri

Non-Violence-Skulptur in New York

> Mir gäbe es keine größere Pein, wär ich im Paradies allein.
>
> Goethe

> Wir warten aber auf einen neuen Himmel und auf eine neue Erde nach seiner Verheißung, in denen Gerechtigkeit wohnt.
>
> 2. Petrus 3,13

> Wenn die Macht der Liebe die Liebe zur Macht übersteigt, erst dann wird die Welt endlich wissen, was Frieden heißt.
>
> Jimi Hendrix

Adrian Chesterman, Am Wasserloch

Aufgaben

1. Erstelle eine **Mindmap,** was für dich alles zu einer perfekten Welt dazu gehört. Nutze dabei auch die Bilder und Zitate auf dieser Seite.
2. Gestalte nun eine Vision deiner perfekten Welt in Form einer Zeichnung ODER einer Collage.
Überlege, welche Aspekte deiner Mindmap du veranschaulichen willst und mit welchen gestalterischen Mitteln (Symbole, Zeichnungen, geschriebene Wörter usw.). Berücksichtige auch deine Ergebnisse aus Kap. 4, S. 58/59.

Wie sähe eine perfekte Welt aus? **8**

Wolkig mit Aussicht auf Fleischbällchen

Der Animationsfilm erzählt von Flint Lockwood, einem leidenschaftlichen Tüftler mit guten Ideen, die bisher leider immer nach hinten losgingen. Er ist jedoch fest davon überzeugt, dass er eines Tages etwas entwickeln wird, was den Menschen nutzt. Seine neueste Idee: Wasser in Essen zu verwandeln.

Doch die Leute verlangen immer mehr Essen und die Maschine gerät außer Kontrolle. Dadurch produziert sie Spaghetti-Tornados, riesige Fleischbällchen und Ähnliches.

Am Ende kann die Maschine gerade noch rechtzeitig zerstört werden, bevor die Stadt unter einer Lawine von Lebensmitteln begraben wird.

Aufgaben

Zum Weiterdenken!

Was sagen eigentlich meine Vorstellungen von einer perfekten Welt über mich aus?

1. Im Film führt der Versuch, die Welt »besser zu machen« fast dazu, dass alles zerstört wird. Finde eigene Beispiele dafür, dass gute Ideen das Gegenteil bewirkt haben.
2. Diskutiert zu zweit, ob es den Menschen gelingen kann, die Welt perfekt zu machen.

Auf welche Zukunft hoffen Christen?

Jesaja 11,6
Dann wird der Wolf beim Lamm zu Gast sein.

Micha 4,3
Sie werden ihre Schwerter zu Pflugscharen machen und ihre Spieße zu Sicheln. Es wird kein Volk wider das andere das Schwert erheben, und sie werden hinfort nicht mehr lernen, Krieg zu führen.

Jesaja 65,16 f.
Alle Not wird vergessen sein, ich bereite ihr ein Ende. Alles mache ich jetzt neu: Einen neuen Himmel schaffe ich und eine neue Erde. Dann sehnt sich niemand nach dem zurück, was früher einmal gewesen ist; kein Mensch wird mehr daran denken.

Offenbarung 21,4
Er wird alle ihre Tränen abwischen. Es wird keinen Tod mehr geben und keine Traurigkeit, keine Klage und keine Quälerei mehr. Was einmal war, ist für immer vorbei.

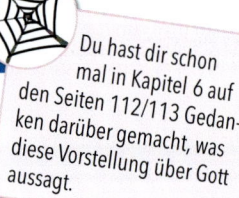
Du hast dir schon mal in Kapitel 6 auf den Seiten 112/113 Gedanken darüber gemacht, was diese Vorstellung über Gott aussagt.

Aufgabe

Die nächste Ausgabe der Kirchenzeitung eurer Heimatgemeinde soll das Thema Zukunft behandeln.
Gestaltet für die Zeitung ein Titelblatt, indem ihr euch eine biblische Vision aussucht und diese für die Leser veranschaulicht (z. B. durch eine Zeichnung, Collage oder eine **Wortwolke**).

Das Ende der Welt im Christentum

Die Vorstellung von einem Ende der Welt, so wie wir sie kennen, ist ein verbreitetes Motiv. Viele Filme, Computerspiele oder Comics spielen in einer Welt, in der die normale Ordnung der Menschen an ein Ende gekommen ist. Dies kann zum Beispiel durch eine Naturkatastrophe oder einen Krieg geschehen sein.

Auch Christinnen und Christen beschäftigen sich mit der Frage nach dem Ende der Welt und der Zukunft. Christinnen und Christen glauben aber in der Regel nicht, dass die Welt und der Mensch am Ende in einem Zustand der Zerstörung bleiben werden. Vielmehr ist die christliche Sichtweise, dass Gott am Ende Zerstörung und Tod überwinden wird.

Dabei stammt auch der oft verwendete Begriff »Apokalypse« für den Weltuntergang eigentlich aus der christlichen Tradition. Er kommt aus dem Griechischen und bedeutet »Enthüllung« oder auch »Offenbarung«. Die Vorstellung dabei ist, dass Gott am Ende der Welt das angekündigte Reich Gottes vollständig errichtet und Gott seinen Willen den Menschen offenbart.

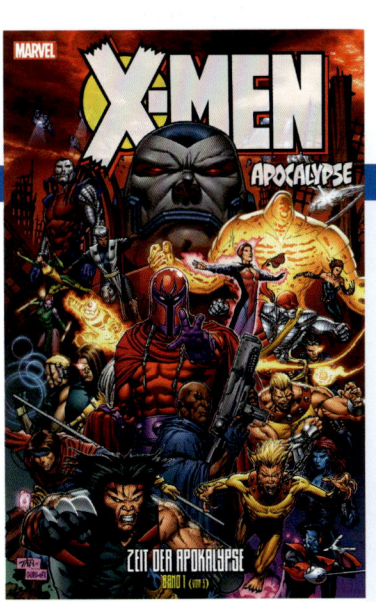

Aufgaben

1. Schülerinnen und Schüler eines Religionskurses sollten in den Religionsunterricht Bilder mitbringen, die für sie Hoffnung ausdrücken.
   Einer der Schüler wendet gegen das Bild ein: »Das ist doch kein Bild von Hoffnung! Das sieht aus wie der letzte Baum auf der Erde. Ich finde das traurig.«
   Bist du der gleichen Meinung? Begründe deine Ansicht.
2. Zwei Freunde betrachten das Cover einer Ausgabe von X-Men. Der eine sagt »Was heißt eigentlich Apokalypse? Muss ja was ganz schön Gruseliges sein …«.
   Beantworte seine Frage.
3. Schreibe für das *Jugendlexikon Bibel und Religion* den Artikel »Zukunft«. Beziehe dich dabei auch auf die Bibelstellen und den Text auf dieser Doppelseite.

Müssen wir Angst vor der Zukunft haben?

Der Animationsfilm WALL·E spielt in einer fernen Zukunft, in der die Erde unbewohnbar geworden ist. Es türmen sich Müllberge in den Städten, die Luft ist verpestet und weit und breit ist keine Pflanze zu sehen. Die Menschen haben die Erde daher bereits vor Jahrhunderten verlassen.

Ein Heer von Müllrobotern wurde zurückgelassen, um aufzuräumen. Eigentlich war für diese Aktion ein Zeitraum von fünf Jahren angesetzt. Doch im Jahre 2805, nach 700 Jahren des Müllsammelns und der Müllverarbeitung, ist der Held des Films – WALL·E – der einzige noch funktionsfähige Aufräumroboter und die Erde noch immer eine Müllhalde …

Aufgaben

1. Bereits am Anfang des Films WALL·E ist die Welt in einem katastrophalen Zustand. Der Zuschauer erfährt nichts darüber, wie es zu diesem Chaos gekommen ist. Wähle eine der folgenden Aufgaben aus.
Schreibe eine Geschichte, die beschreibt, wie die Welt in diesen Zustand kommen konnte.
ODER
Gestalte einen Comic, der beschreibt, wie die Welt in diesen Zustand kommen konnte.
2. Die Welt in dem Film WALL·E wird beherrscht von einem Unternehmen namens *BNL*. Dies steht für »Buy n' large«, was so viel heißen soll wie: »Kauf große Portionen«. Erkläre, was das Motto des Konzerns mit der Situation der Welt zu tun haben könnte.

Wie sähe eine perfekte Welt aus? **8**

Aus der Westfälischen Rundschau:
»Jugendliche haben Angst vor der Zukunft«

Aus der Augsburger Allgemeinen:
»Jugendliche blicken optimistisch in die Zukunft«

Aus der Welt:
»Junge Europäer treibt die Sorge um die Zukunft um«

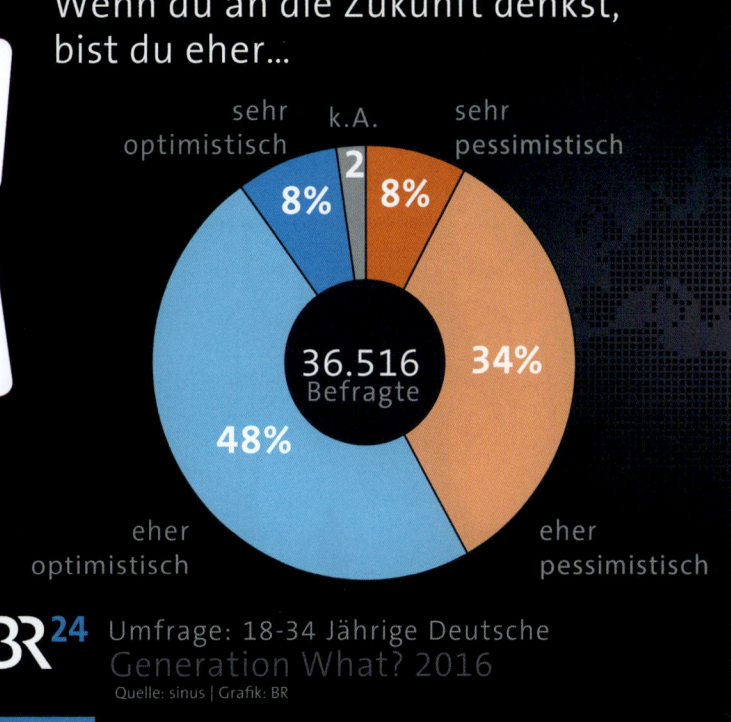

Aufgaben

1. Wähle eine der Schlagzeilen aus und schreibe den Artikel weiter. Gehe dabei auf die Sorgen und Ängste ein, die Jugendliche heute haben, und wie man darauf reagieren kann.
2. Im Kapitel über die Schöpfung hast du dich mit Gottes Auftrag an den Menschen beschäftigt, die Erde zu bewahren (S. 55). Erkläre, inwiefern der Mensch im Film WALL·E Gottes Auftrag mit der Schöpfung missachtet hat.

Zum Weiterdenken!

Was hat die Vorstellung von der Zukunft in WALL·E eigentlich mit unserer Gegenwart zu tun?

Wie können kleine Dinge Großes bewirken?

Thomas Boatwright, Der Hobbit – Smaug und Bilbo

Karl kommt aus den Proben zur Theateraufführung der Schule. Sie proben für das Theaterstück »Der kleine Hobbit«. Das Stück erzählt von der Reise Bilbo Beutlins, der das verlorene Zwergenkönigreich zurückgewinnen soll, das von dem Drachen Smaug erobert wurde.

Hobbits, oder auch Halblinge, sind im Vergleich zum Menschen und sogar im Vergleich zu Zwergen kleinwüchsig und in der Welt von Mittelerde eher für ihren gemütlichen Lebensstil als für ihre kämpferischen Fähigkeiten bekannt.

Karl wurde für die Rolle Bilbo Beutlins auserwählt und ist durch die Szene, die sie heute geprobt haben, noch ganz aufgewühlt. Er berichtet seinen Mitschülerinnen und Mitschülern:

In der Szene, die wir heute geprobt haben, sind die Zwerge sehr verwundert darüber, dass der weise Zauberer Gandalf gerade Bilbo, den Hobbit, auserwählt hat, die Zwerge in ihrem Kampf gegen den Drachen zu unterstützen. Die Zwerge denken, der Hobbit könne ihnen nicht hilfreich sein. Schließlich müssen gefährliche Abenteuer gemeistert und auch Kreaturen wie Trolle oder Orks bekämpft werden. In einer Szene spricht ein Zwerg mit Gandalf über mich:

ZWERG: »Als ich einen Blick auf diesen kleinen Burschen geworfen hatte, der auf der Fußmatte herumhopste, hab' ich gedacht, Du machst einen Scherz. Ich habe mir einen größeren, stärkeren Gefährten für unsere Reise gewünscht …«

GANDALF: »Das verstehe ich. Aber ich bin mir sicher: manchmal sind es die kleinen Dinge, die Großes bewirken …«

Aufgabe

Karl ist noch ganz durcheinander und soll jetzt auch noch den Dialog selbst weiterschreiben. Hierbei sollen die Zwerge trotz ihrer Sorgen von Gandalf überzeugt werden, dass der Hobbit der Richtige für diese Aufgabe ist. Hilf Karl und schreibe den Dialog für ihn weiter.

Das Gleichnis vom Senfkorn

Und Jesus sprach: Womit wollen wir das Reich Gottes vergleichen, und durch welches Gleichnis wollen wir es abbilden? Es ist wie mit einem Senfkorn: Wenn das gesät wird aufs Land, so ist's das kleinste unter allen Samenkörnern auf Erden; und wenn es gesät ist, so geht es auf und wird größer als alle Kräuter und treibt große Zweige, sodass die Vögel unter dem Himmel unter seinem Schatten wohnen können.

Markus 4,30–32

Aufgaben

1. Übertrage die Zeichnung von der Senfpflanze in dein Heft.
Schreibe an einen der Äste ein »großes Ziel«, das Menschen anstreben sollten (z. B. Frieden in der Welt, Bewahrung der Natur).
Überlege nun, welche alltäglichen Handlungen im Kleinen dazu beitragen, und schreibe diese um das Senfkorn herum.
2. Verfasse einen Beitrag für die Schülerzeitung mit dem Titel »Wie wir mit kleinen Dingen Großes bewirken«, indem du deine Mitschülerinnen und Mitschüler dazu aufforderst, ein »großes Ziel« gemeinsam zu erreichen. Gehe dabei auf Gandalfs Antwort an den Zwerg ein: »Das verstehe ich. Aber ich bin mir sicher: manchmal sind es die kleinen Dinge, die Großes bewirken …«

Wer ist mein Nächster?

Die Bilder stammen aus einem Experiment, das in Norwegen durchgeführt wurde. Ein Junge setzte sich im Winter ohne Jacke an eine Bushaltestelle. Wenn andere Menschen ihn ansprachen, erzählte er jedes Mal die Geschichte, dass er bei einem Schulausflug von seinem Lehrer dort vergessen wurde.

Durch das Experiment sollte herausgefunden werden, ob die Menschen den Jungen einfach dort sitzen lassen oder ob und wie die Menschen dem Jungen helfen.

Zum Weiterdenken!

Stellt euch vor, es kommt eine gläubige Christin oder ein gläubiger Christ an die Bushaltestelle. Welches Verhalten würdet ihr von ihr oder von ihm bei den Personen aus den Rollenspielen erwarten?

Aufgaben

1. Was glaubst du, wie die Menschen reagieren, die den Jungen an der Bushaltestelle entdecken? Entwerft in Kleingruppen zwei unterschiedliche **Rollenspiele** zu dem Szenario.
2. Suche dir mindestens zwei unterschiedliche Rollenspiele aus und beurteile, was die verschiedenen Verhaltensweisen in dem Jungen auslösen würden, wäre die Szene echt.

Wie sähe eine perfekte Welt aus? 8

Um das Reich Gottes geht es auch auf den Seiten 86 und 87.

Reich Gottes ist der Name für die Vorstellung des »perfekten Ortes« der Christinnen und Christen.

Es steht jedoch nirgendwo in der Bibel eine genaue Beschreibung des Reich Gottes. Christinnen und Christen können sich aber durch die Geschichten Jesu eine Vorstellung davon machen, wie es im Reich Gottes ist und was sie dort erwartet.

Jesus hat viele verschiedene Geschichten und Gleichnisse erzählt. In diesen Geschichten oder Gleichnissen lernen wir ein anderes Puzzlestück vom Reich Gottes kennen.

In Kapitel 1 hast du erfahren, dass uns vergeben wird, wenn wir einmal einen Fehler machen. Auch in der Geschichte vom barmherzigen Samariter erfahren wir etwas über das Reich Gottes.

Infobox

Um die Geschichte vom barmherzigen Samariter verstehen zu können, brauchst du wichtige Informationen über verschiedene Personen.

Der Überfallene: Jesus meint hier einen jüdischen Mann.

Der Priester: Hier ist ein jüdischer Priester gemeint. Für jüdische Priester war es damals verboten, Tote zu berühren, da sie bestimmte Reinheitsgebote zu befolgen hatten.

Der Levit: Ein Levit ist ein Jude, wie auch derjenige, der von den Räubern überfallen wurde.

Der Samariter: Die Samariter wurden von den Juden, zu denen der Priester und der Levit gehören, als Feinde betrachtet.

Aufgaben

1. Dein Mitschüler schreibt gleich einen Reli-Test mit dem Thema »Reich Gottes«. Er ist ganz aufgeregt und hat alles vergessen.
   Erkläre ihm kurz in 3–5 Sätzen, was das Reich Gottes ausmacht.
   Lies dazu zunächst die Infobox und anschließend die Geschichte vom barmherzigen Samariter im Lukas-Evangelium (Lk 10,25–36).
2. Vergleich deinen perfekten Ort, den du am Anfang des Kapitels entworfen hast, mit dem, was du über das Reich Gottes aus Lk 10,25–36 erfährst.

Was können wir tun?

Kinder sammeln Spenden für Kinder

Rund 330.000 Mädchen und Jungen haben sich um den Dreikönigstag deutschlandweit auf den Weg gemacht. Verkleidet als die Heiligen Drei Könige Caspar, Melchior und Balthasar ziehen sie von Haus zu Haus, singen Lieder und schreiben den Haussegen an die Türen im ganzen Land. Die traditionelle Segensinschrift 20*C+M+B+17 steht für »Christus Mansionem Bendicat« (»Christus segne dieses Haus«). Die Sternsinger sammeln während ihrer Wanderung durch die Straßen Spenden für soziale Projekte. Es ist die weltweit größte Hilfsaktion von Kindern für Kinder.

Die Sternsingeraktion 2017 richtete ihren Blick besonders auf Kinder, die im extrem trockenen Norden Kenias unter den Folgen des Klimawandels leiden. Die Spenden sollen daher Projekte unterstützen, die dem Klimawandel in Kenia entgegenwirken und den Menschen dort helfen, mit den Folgen umzugehen.

> Alle können wir als Werkzeuge Gottes an der Bewahrung der Schöpfung mitarbeiten.
>
> Papst Franziskus

Zum Weiterdenken!

Wie kann der Mensch zum »Werkzeug Gottes« werden?

Aufgaben

Du hast in diesem Kapitel einiges über christliche Vorstellungen von Zukunft erfahren.
Erkläre, was die Sternsinger mit dieser Zukunft zu tun haben.

Wir planen ein Projekt

> Wenn ich wüsste, dass morgen die Welt untergeht, würde ich noch heute ein Apfelbäumchen pflanzen.
>
> Martin Luther

STOP TALKING START PLANTING

Planungsbogen
Projekt »Plant-for-the-Planet«

1. **Arbeitsschritt: Das Ziel erfassen**
   a. **Leitfrage:** Was genau will unsere Gruppe erreichen?
   b. **Planungsfragen:**
      - Wen müssen wir über unser Projekt informieren?
      - Welche Fragen müssen geklärt werden?
      - Was für Material brauchen wir?
      - Wann soll das Projekt durchgeführt werden?
      - Welche Ideen haben wir schon für eine anschauliche Umsetzung des Themas?

2. **Arbeitsschritt: Einen Projektplan entwerfen und ausführen**
Erstellt für eure Gruppe einen Projektplan, der deutlich macht, welche Arbeitsschritte ihr plant, und wer diese jeweils erledigen soll.

Datum	Wer	Macht was	Mit wem	Bis wann?

Aufgaben

1. Recherchiert im Internet, welche Ziele das Projekt *Plant-for-the-Planet* verfolgt und wer das Projekt gegründet hat.
2. Erkläre, was das Zitat von Martin Luther mit dem Projekt zu tun haben könnte.
3. Erstellt einen Planungsbogen, wie ihr *Plant-for-the-Planet* unterstützen könnt und führt das Projekt an eurer Schule durch.

Einen Sachtext sinnentnehmend lesen

Sachtexte findest du z. B. in Lexika oder Zeitschriften und hier im Buch als erklärende Texte. Um sie zu verstehen, solltest du fünf Schritte anwenden:

1. Verschaffe dir einen Überblick über das Thema des Textes, indem du die Überschrift, eine mögliche Einleitung und Bilder oder Abbildungen zum Text beachtest und überlegst, was du darüber bereits weißt.
2. Lese daraufhin einmal überfliegend den Text und stelle dir W-Fragen zum Text, die an dein Vorwissen zum Thema gebunden sind, z. B. Wer? Was? Warum?
3. Suche Schlüsselwörter aus dem Text heraus. Einerseits können sie mehrfach über den gesamten Text verteilt vorkommen oder aber in einem einzelnen Abschnitt ganz zentral sein.
4. Gehe alle Abschnitte des Sachtextes so durch, dass du dir selbst sagen kannst, was in jedem Abschnitt erklärt oder beschrieben wird.
5. Kläre zum Abschluss alle Wörter, die du nicht verstanden hast, so dass du eine komplette Zusammenfassung erstellen kannst.

Einen (biblischen) Text erzählen können

Wenn du einen biblischen oder auch einen anderen Text erzählen willst, legst du zunächst fest, ob du dich eng an die Vorlage halten oder die Erzählung selbst etwas ausschmücken willst. Außerdem musst du entscheiden, welche Perspektive du einnehmen willst: Soll ein außenstehender Erzähler berichten, der alles weiß, oder eine bestimmte Person, die nur ihre Sichtweise kennen kann? Der sogenannte »**POZEK**-Schlüssel« hilft beim Erzählen:

Welche **P**ersonen spielen in der Geschichte eine Rolle?
An welchem **O**rt befinden sich die Personen?
In welcher **Z**eit findet das Geschehen statt?
Welches **E**reignis steht im Mittelpunkt des Textes?
Welches ist der **K**erngedanke der Erzählung?

Besonders dann, wenn du die Erzählung selbst ausschmücken willst, solltest du dir diese fünf Dinge genau und mit allen Einzelheiten ausmalen.

Eine Mindmap erstellen

Eine Mindmap ist eine »Gedanken- oder Gedächtnislandkarte«, in der du deine persönlichen Ideen zu einem Thema oder auch zentrale Gedanken eines Textes darstellen kannst. Dazu schreibst du deutlich sichtbar, z. B. mit einem dicken Filzstift, den Hauptbegriff in die Mitte. Von dort aus ziehst du Linien, an denen du weitere Begriffe notieren kannst. Vielleicht fallen dir zu diesen Begriffen wiederum andere Begriffe ein, die du auf dünneren Linien notierst. Auf diese Weise entsteht eine Art *Netz*, das ergänzt werden kann und einen guten und geordneten Überblick über ein Thema ermöglicht.

Methoden

Ein Plakat erstellen

Ein Plakat ist eine gute Möglichkeit, die Ergebnisse einer Einzel- oder Gruppenarbeit zu veranschaulichen und in der Klasse vorzustellen. Damit das Plakat sowohl für den Vortragenden als auch für den Zuhörer eine Hilfestellung ist, solltest du folgende Aspekte beachten: Es werden nur die wichtigsten Inhalte auf dem Plakat aufgenommen, alles andere wird mündlich berichtet. Keine langen Texte, nur kurze Abschnitte, die gut lesbar geschrieben oder gedruckt sind. Bilder, Fotos, Grafiken, Symbole, Unterstreichungen, gute Überschriften, verschiedene Farben – du hast viele Möglichkeiten, Lernhilfen für die Zuhörerinnen und Zuhörer zu geben.

Ihr könnt eure Plakate aber auch zu einer kleinen Ausstellung zusammenfügen. Dann solltet ihr euch vorher über ein Konzept verständigen (Farbe der Pappen, Schrifttypen, Art der Überschriften …), damit für den Betrachter ein einheitlicher Eindruck entsteht.

Einen inneren Monolog verfassen

Ein innerer Monolog ist eine besondere Form des Erzählens, in der eine Figur nur zu sich selber spricht: z. B. über schöne Erfahrungen, aber auch über Ängste oder Zweifel, wenn eine wichtige Entscheidung getroffen werden muss. Ein innerer Monolog ist eine gute Möglichkeit, sich genauer in eine Person hineinzuversetzen. Um einen solchen Text zu schreiben, solltest du dir daher die Situation und die bekannten Charakterzüge einer Person bewusst machen. Dann formulierst du ihre Gedanken, Gefühle und Fragen in der Ich-Form in der Gegenwart.

Eine Wortwolke erstellen

Eine Wortwolke ist ein Bild aus Worten. Es enthält die Worte einer Geschichte oder auch Begriffe, die zu einem Thema wichtig sind. Dabei sind die Worte, die häufiger als andere vorkommen oder die besonders wichtig sind, dicker gestaltet als andere. Zudem kannst du die Anordnung der Worte in einem Bild gestalten, das für dich gut zu dem Thema passt. Das kann z. B. eine Wolke, aber auch ein Kreis, ein Baum oder ein Buch sein. Um eine Wortwolke zu erstellen, sammelst du zunächst die Worte oder Begriffe, die für dich überhaupt wichtig sind. Dann überlegst du, wie wichtig dir jeder einzelne Begriff ist. Ist er für dich sehr wichtig, dann soll er 5× so dick sein wie die anderen Worte. Ist er nicht sehr wichtig, dann ist er sehr dünn und klein. Du kannst eine Wortwolke selbst mit verschiedenen Farben malen. Oder du kannst im Internet mit einem kostenlosen Programm eine Wortwolke gestalten.

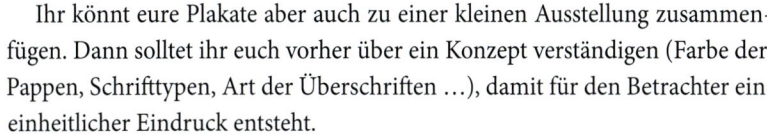

Methoden

Ein Bild erschließen

Eine Bilderschließung ist ein Verfahren, das dir hilft, ein Bild besser zu verstehen. Ziel ist es, das Bild möglichst genau wahrzunehmen und zu deuten. Du kannst dazu in drei Schritten vorgehen:

1. Zunächst einmal beschreibst du genau, was du siehst: Was für eine Art Bild siehst du (Foto, Gemälde, Collage etc.)? Welche Gegenstände sind zu erkennen? Wie sind sie auf dem Bild angeordnet? Welche Farben werden benutzt? Was fällt besonders ins Auge?
2. Dann überlegst du, was das Bild bedeuten kann. Warum ist das Bild so und nicht anders dargestellt? Was bedeuten die Formen und Farben? Vielleicht weißt du etwas über den Künstler, das dir bei der Deutung helfen kann. Vielleicht gibt es einen Bezug zu einem (biblischen) Text oder zu einem dir bekannten Thema.
3. Am Ende kannst du dich zu dem Bild persönlich äußern. Wie wirkt das Bild auf dich? Gefällt es dir? Warum? Magst du es nicht? Warum nicht?

Ein Bilddiktat durchführen

Ein Bilddiktat ist so ähnlich wie ein Textdiktat: Eine Person diktiert, die anderen schreiben. Beim Bilddiktat wird aber kein fertiger Text diktiert, sondern ein Bild möglichst genau beschrieben. Dabei ist es wichtig, dass die Person, die diktiert, das Bild nicht bewertet und nicht deutet, sondern möglichst neutral die Farben, Formen und Gegenstände beschreibt (siehe Bilderschließung, Schritt 1). Für die anderen ist es wichtig, dass sie genau zuhören und das, was sie hören, so malen, wie sie es hören. Am Ende könnt ihr eure Bilder miteinander und mit dem Original vergleichen.

Ein Bild umgestalten

Bei der Umgestaltung eines Bildes geht es darum, ein Bild so zu bearbeiten und zu verändern, dass es vom Bild eines Künstlers/einer Künstlerin zu »deinem« Bild wird. Dazu kannst du auf folgende Weise vorgehen:

1. Du kannst das Bild auf eine weiße Pappe kleben und einen Rahmen für das Bild gestalten, der für dich zu dem Bild dazugehören würde.
2. Du kannst einzelne Elemente des Bildes mit Wachs- oder Filzstiften übermalen.
3. Du kannst neue Elemente in das Bild einfügen, indem du etwas hineinmalst oder -klebst.
4. Du kannst die Elemente des Bildes ausschneiden und neu zusammenkleben.

Dabei ist es wichtig, dass du bei deiner Umgestaltung genau überlegst, warum du es so und nicht anders tust, damit du es nachher den anderen erklären kannst.

Ein Standbild bauen

Ein Standbild ist ein »eingefrorenes«, also unbewegliches Bild, vergleichbar mit einem Denkmal oder einer Statue. In einem solchen Bild könnt ihr die Gedanken und Gefühle einer Person oder die Beziehung mehrerer Personen zueinander zum Ausdruck bringen.

In euren Gruppen (ca. 4–5 Personen) legt ihr fest, wer als Regisseur das Bild »formt« und »gestaltet« und wer sich als Darsteller formen lässt. Nach der »Bauphase« präsentiert ihr euer Bild; dabei ist es ganz wichtig, dass die Darsteller für 2–3 Minuten unbeweglich im Bild »eingefroren« bleiben, damit die Zuschauer von allen Seiten schauen können, wer durch wen dargestellt wird, welche Gefühle ausgedrückt werden und welche weiteren Auffälligkeiten zu sehen sind.

Rollenspiel/Rollenbiografie

Bei einem Rollenspiel schlüpfst du in die Haut einer anderen Person. Meist ist die Situation, in der sich die einzelnen Personen befinden, durch eine Rollenkarte vorgegeben.

1. In der **Vorbereitung** auf das Rollenspiel überlegt jeder *spielende Teilnehmer*, wie er sich in der Situation fühlt, was er mit seinem Verhalten ausdrücken möchte, was er unbedingt sagen möchte. Die Person könnte z. B. verletzt, beleidigt, erleichtert oder übermütig sein.
2. Im **Rollenspiel** selbst ist es wichtig, dass alle Spielenden ihre Rolle nicht verlassen und ganz übernehmen. Häufig bekommt ihr ein Namensschild, das die Übernahme der Rolle kennzeichnet. Einigt euch gemeinsam, welche Situation ihr spielt und übt sie, bevor ihr sie in der vorgegebenen Zeit präsentiert.
3. Erst in der **Besprechungsphase** nach dem Rollenspiel legt ihr mit dem Namensschild auch eure Rolle ab. Den *Beobachtern* des Rollenspiels kommt nun eine große Bedeutung zu, denn sie bewerten das Spiel in seiner Glaubwürdigkeit (z. B. Ist es realistisch, dass Person A sich gegenüber Person B so verhält?), in seinem Verlauf (Haben wir auch gedacht, das Person B diese Lösung findet?) und in der Einhaltung der Vorgaben.

Über das Hineinversetzen in die Situation und in die Person und über ihre Beobachtungen könnt ihr viel über die Handlung einzelner Menschen und deren Gründe lernen.

Hilfestellungen zum Finden einer Bibelstelle

Alle Schriften der Bibel sind so eingeteilt, dass man jeden einzelnen Vers gut finden kann. Dazu muss man sich auf den Seiten gut auskennen.

Buchname: zeigt das jeweilige Buch an

Überschrift: Titel zu einzelnen Abschnitten, später entstanden als Lesehilfe, sie gehört aber nicht zum ursprünglichen Text

Kapitel und Vers: alle Bücher sind in Kapitel und Verse unterteilt, auch diese Unterteilung gab es im ursprünglichen Text noch nicht, sie ist im 13. bzw. 16. Jahrhundert ergänzt worden

Fußnote: besondere Informationen oder Hinweise auf ähnliche Texte

Wenn man zwei Verse aus einem Kapitel meint, unterteilt man diese durch einen Punkt: Mt 5,10.15, also das Evangelium nach Matthäus, 5. Kapitel, die Verse 10 und 15.

Meint man zwei Kapitel aus einem Buch, trennt man sie durch ein Semikolon ab, z. B. Joh 7; 10, also das Evangelium nach Johannes, Kapitel 7 und Kapitel 10.

Aufgaben

1. Suche folgende Bibelstellen: Gen 1,31; Ps 8,4.5; Mt 1; 2; Apg 9. Schreibe für das Finden einer Bibelstelle eine Anleitung für jemanden, der sich nicht auskennt.
2. Untersuche den Anfang und das Ende deiner Bibelausgabe genauer: Welche Zusatzinformationen kannst du noch bekommen? Suche auch nach dem Abkürzungsverzeichnis für die einzelnen Bücher. Wozu braucht man das?

Texte

Die Bibeltexte sind entnommen aus: Lutherbibel, revidiert 2017, © 2016 Deutsche Bibelgesellschaft, Stuttgart | BasisBibel. Neues Testament und Psalmen, © 2012 Deutsche Bibelgesellschaft, Stuttgart: www.basisbibel.de | Gute Nachricht Bibel, revidierte Fassung, durchgesehene Ausgabe, © 2000 Deutsche Bibelgesellschaft, Stuttgart

S. 14: Soundso, Text: Holofernes, Judith, © Freudenhaus Musikverlag Patrik Majer/Wintrup Musikverlag Walter Holzbaur | **S. 17:** Psalm 139,1–6, Die Bibelstellen sind der Übersetzung Hoffnung für alle® entnommen, Copyright © 1983, 1996, 2002, 2015 by Biblica, Inc.®. Verwendet mit freundlicher Genehmigung des Herausgebers Fontis. | **S. 22:** Matthäus 7,12: Lutherbibel, revidierter Text 1984, durchgesehene Ausgabe, © 1999 Deutsche Bibelgesellschaft, Stuttgart | **S. 24:** Keiner der nur immer redet, Text: Siebald, Manfred, © 1990 SCM Hänssler, D-71087 Holzgerlingen | **S. 26:** Seite »Herz«. In: Wikipedia, Die freie Enzyklopädie. Bearbeitungsstand: 3. Juli 2017, 08:53 UTC. URL: https://de.wikipedia.org/w/index.php?title=Herz&oldid=166937943 (Abgerufen: 1. September 2017, 08:53 UTC) | 1. Samuel 16,7: Lutherbibel, revidierter Text 1984 | **S. 27:** Auszug aus der *Welt*: www.welt.de/wissenschaft/article1821028/Religion-macht-gluecklich-und-stressresistenter.html (Zugriff am 10.11.2017) © WeltN24 GmbH | **S. 28:** Walter Moers: Die Stadt der träumenden Bücher, S. 9 © 2004 Piper Verlag GmbH, München | **S. 29:** Psalm 78,3–7: BasisBibel | **S. 30–35:** Werner Laubi: Geschichten zur Bibel: Abraham, Jakob, Josef. Ein Erzählbuch, Düsseldorf ²1990, S. 16 ff., 23 ff., 30 ff. © Patmos | **S. 36:** 1. Mose 21,9–14a: Luther 2017 | **S. 37:** Sure 16:120–122, 4:125: Der Koran für Kinder und Erwachsene, übers. u. erläut. v. Lamya Kaddor u. Rabeya Müller, München ⁴2014, S. 29 © C.H.Beck | **S. 46/47:** Alexander Gerst: 166 Tage im All. Aufgez. v. Lars Abromeit, München 2017, S. 84, 94, 97, 100 © Bruckmann Verlag | **S. 48:** Hubertus Halbfas: Das Welthaus. Ein religionsgeschichtliches Lesebuch, Düsseldorf 1983, S. 132 © Calwer/Patmos | **S. 49:** Der Koran für Kinder und Erwachsene, S. 25 ff. © C.H.Beck | **S. 50/51:** Werner Laubi/Annegert Fuchshuber: Kinderbibel, Lahr ¹³2016, S. 7 f. © Kaufmann Verlag | **S. 52/53:** Jan Paul Schutten/Floor Rieder: Evolution oder Das Rätsel von allem, was lebt, Hildesheim ⁴2015, S. 30 f., 45 © Gerstenberg Verlag | **S. 54:** Jüdische Erzählung: Ratlos war der Rabbi nie. Chassidischer Humor, hg. v. Rabbi Shmuel Avidor Hacohen, Gütersloh ³1984, S. 29 © Gütersloher Verlagshaus in der Verlagsgruppe Random House | **S. 55:** Erich Zenger: Der Gott der Bibel. Sachbuch zu den Anfängen des alttestamentlichen Gottesglaubens, Stuttgart 1979 © Katholisches Bibelwerk | **S. 56/57:** Öfen für Afrika: Pierre-Christian Fink: Öfen für alle, ZEIT ONLINE Nr. 28/2013 © ZEIT ONLINE/www.betterplace.org/de/projects/8830-ofen-fur-afrika-kinder-beschutzen-klima-bewahren (Zugriff am 10.11.2017) © gut.org gemeinnützige Aktiengesellschaft | **S. 59:** Zu Wahr, Text: Finale, Sera/Würdig, Paul, © BMG Rights Management GmbH, Berlin/George Glueck Publishing GmbH, Berlin/Numarek Songs Marek Pompetzki, Berlin/Sony/ATV Music Publishing (Germany) GmbH, Berlin | **S. 60:** Habakuk 2,6–9: Gute Nachricht Bibel | **S. 64:** Pressetext u. arabischer Text: www.diakonie-in-niedersachsen.de/pages/presse/pressemeldungen/subpages/diakonie_in_niedersachsen_stellt_sprach-app_fuer_fluechtlinge_vor/index.html, www.diakonie-portal.de/system/files/was_kann_die_app_in_5_sprachen.pdf (Zugriff am 10.11.2017) © Diakonie in Niedersachsen | **S. 65:** Neudeck-Zitat: Eva-Maria Lerch: »Wir wollten nicht alleine glücklich sein«, Publik-Forum 6/2016 © Publik-Forum Verlagsgesellschaft | **S. 66:** Malalas Rede, www.kindernetz.de/infonetz/politik/frauenrechte/malalarede/-/id=271614/nid=271614/did=286006/a46uoz (Zugriff am 10.11.2017), Übersetzung: Sabine Stampfel © SWR | **S. 67:** www.kindernetz.de/infonetz/politik/frauenrechte/preise-malala/-/id=271614/nid=271614/did=294498/106v8 lm/index.html (Zugriff am 10.11.2017), Jenny Beyen © SWR | **S. 71–76:** Fabio Geda: Im Meer schwimmen Krokodile. Eine wahre Geschichte, München ¹⁴2012, S. 7 f., 22, 68, 71, 73, 76 f., 97 f., 85, 169 © btb Verlag, Random House | **S. 78:** Zitat Melanie: Hilft Beten auch wenn's regnet? – Kinder über Gott und die Welt, hg. v. Gottfried Orth, Stuttgart 2002, S. 30 © ctb Verlag | **S. 79:** Jesus, Text: Boning, Wigald/Dittrich, Oliver, © SMPG Publishing (Germany) GmbH, Berlin | Zitat Carola: Tobias Ziegler: Erzähl mir von Jesus, in: Sehen kann man ihn ja, aber anfassen? Zugänge zur Christologie von Kindern, JaBuKi, Stuttgart 2008, S. 60 © Calwer | **S. 80:** Infobox: klexikon.zum.de/wiki/Christentum (Zugriff am 10.11.2017) © Zentrale für Unterrichtsmedien im Internet e. V. | **S. 84/85:** Andrea Rückert/

Sebastian Görnitz-Rückert: Andreas und Susanne. Zwei Wege, Erlangen 2005 © Gymnasialpädagogische Materialstelle der Ev.-Luth. Kirche in Bayern, Erlangen | **S. 88:** Lukas 19,1–8, Markus 2,1–5: BasisBibel | **S. 90:** Matthäus 14,13–21: BasisBibel | **S. 91:** Fünf Brote und zwei Fische, Melodie: Teichmann, Wolfgang, Text: Bücken, Eckart, © Strube Verlag GmbH, München | **S. 92/93:** Nicholas Allan: Jesus nimmt frei, London 1999/Kevelaer 2011 © Lahn-Verlag/Butzon & Bercker | **S. 95:** Kronenberg: Peter Rosien (Hg.): Mein Credo. Persönliche Glaubensbekenntnisse, Kommentare und Informationen, Oberursel 1999, S. 110 f. © Publik Forum | **S. 96:** Johannes: BasisBibel | **S. 101:** Waldspaziergang mit Folgen, Text: Urlaub, Farin, © Edition Fuhuru bei PMS Musikverlag GmbH, Berlin | 2. Mose 20,3–5: Luther 2017 | **S. 104:** 1. Könige 19,8–13: Gute Nachricht Bibel | **S. 106:** Daniel 6,17–24: Luther 2017 | **S. 107:** Psalm 23: Offene Bibel © offene-bibel.de | **S. 108:** 2. Mose 14,10–16.21–25: BasisBibel | **S. 109:** Lukas 13,10–13: BasisBibel | **S. 110:** Psalm 22,2.13–16: Gute Nachricht Bibel | **S. 111:** Johannes Saurer/Ulrike Albers: Martin Luther. Ein Mönch verändert die Welt, Moisburg 2017, S. 5 © Evangelisches Medienhaus | **S. 112:** Römer 8,38 f.: Gute Nachricht Bibel | **S. 113:** Meryem © religionen-entdecken.de | **S. 114:** Sommertag, Gedicht von Anna Bineta Diouf | **S. 116:** Religramme. Gesichter der Religionen. Eine interaktive Wanderausstellung, hg. v. Haus kirchlicher Dienste der Ev.-luth. Landeskirche Hannovers, Hannover 2016, S. 52, 54, 44, 47, 24 f., 120, 118 © Haus kirchlicher Dienste der Ev.-luth. Landeskirche Hannovers | **S. 118:** 2. Mose 3,1–5: Luther 2017 | **S. 120:** Hanns-Josef Ortheil: Die Erfindung des Lebens, München [14]2011, S. 56 ff. © btb Verlagsgruppe Random House | **S. 121:** Mircea Eliade: Das Heilige und das Profane. Vom Wesen des Religiösen, Frankfurt 1998, S. 52 f. © Insel Verlag | **S. 126:** Hanns-Josef Ortheil: Die Berlinreise, München 2015, S. 90 © btb Verlagsgruppe Random House | Anselm Grün, in: Was mir heilig ist, hg. v. Gerhard Hartmann/Berthold Weckmann, Kevelaer 2016, S. 21 ff. © topos Kevelaer | **S. 129:** Kinderzitate: www.badische-zeitung.de/neues-fuer-kinder/beim-zuckerfest-darf-man-ganz-viel-naschen (Zugriff am 10.11.2017) © Badische Zeitung | **S. 131:** Fulbert Steffensky, in: Konkurrierende Heilige. Was wir von toten Päpsten lernen können; ZEIT ONLINE Nr. 19/2011 © ZEIT ONLINE | **S. 133:** Wouk, Herman: Marjorie Morningstar, I,9: Die Bar-Mitzwa © Heyne | **S. 134:** Elke Bräunling, Als die Septemberfee den Sommer verabschiedete © Verlag Stephen Janetzko | **S. 135:** Karcz-Zitat: kwerfeldein.de/2014/07/07/parallelwelten/(Zugriff am 10.11.2017) © Kwerfeldein – Magazin für Fotografie | S 136: 2. Petrus 3,13: Luther 2017 | S 138: Jesaja 11,6, Jesaja 65,16 f., Offenbarung 21,4: Gute Nachricht Bibel | Micha 4,3: Luther 2017 | **S. 143:** Markus 4,30–32, Luther 2017

Bilder

S. 10: Mädchen mit Hund © Holbox/Shutterstock | **S. 11:** Kind © Stefan Glebowski/Shutterstock | Affe: © Alexas_Fotos/Pixabay | **S. 12:** Ritterin © marco-randermann.de | Ritterin mit Schwert © Boiko Olha/Shutterstock | Wikinger © Khosro/Shutterstock | Wikingerjunge © Kachalkina Veronika/Shutterstock | **S. 14:** Köchin © 1103997/Pixabay, Fußballerin © David Boozer/Pexels, Ballerina © sobima/Pixabay | **S. 15:** Äpfel © Maik Dörfert/Adobe Stock | Illustration © Katrin Wolff | **S. 16:** Mädchen in verschiedenen Rollen © Patrick Foto/Shutterstock | **S. 18:** Mobbing © Daisy Daisy/Adobe Stock | **S. 20:** Christiano Ronaldo © dpa – Report | Betender Mann © rudolf_langer/Pixabay | Betender Junge © Pixel Memoirs/Shutterstock | **S. 22:** Junge mit älterer Frau © Muslimische Jugend Österreich | **S. 24:** Menschen mit Kerzen © Jan Bartels | Fans © picture alliance | **S. 25:** Gemeinschaft © Evellean/Shutterstock | **S. 26:** Nachricht © Jan Bartels | **S. 27:** David wird zum König gesalbt, Farblithographie nach B.Hummel © akg-images | **S. 28:** Walter Moers: Die Stadt der träumenden Bücher, Cover © 2004 Piper Verlag GmbH, München | **S. 29:** Illustration © Katrin Wolff | **S. 30:** Nomade © Michael Martin, Die Wüsten der Erde | **S. 32:** Tierherde in der Wüste © Frank Lomott | **S. 34:** Nomadenzelt © Philae/Adobe Stock | **S. 38:** Illustrationen © Katrin Wolff | **S. 40:** Illustration © Katrin Wolff | **S. 42:** Cranach, Lucas d. J., Martin Luther predigt den gekreuzigten

Christus © akg-images | Cover Lutherbibel u. Meine schönsten Bibelgeschichten © 2016 Deutsche Bibelgesellschaft, Stuttgart | Cover Einheitsübersetzung © Katholische Bibelanstalt, Stuttgart | Cover Zürcher Bibel © 2007 Zürcher Bibel/Theologischer Verlag Zürich | Cover Bibel in gerechter Sprache © 2006 by Gütersloher Verlagshaus, Gütersloh, in der Verlagsgruppe Random House GmbH, München | **S. 43:** Toraschreiber © imago/Daniel Schvarcz | Torarolle mit Mantel, Krone und Jad © Museum der Stadt Bamberg | Toraschrein © imago/Rainer Weisflog | **S. 44:** Altar © Optimist4343/Wikimedia Commons | Margot Käßmann © dpa, Peter Steffen | Buchmalerei © akg-images/Heiner Heine | **S. 45:** Koranlesung © imago/biky | Kalligrafie © elomda/Shutterstock | Doppelseite aus Koranhandschrift © Roland and Sabrina Michaud/akg-images | **S. 46/47:** © ESA/NASA | **S. 48:** Yggdrasill © akg-images/Fototeca Gilardi | **S. 49:** Der Koran für Kinder und Erwachsene. Übersetzt und erläutert von Lamya Kaddor und Rabeya Müller. Mit Ornamenten von Karl Schlamminger. C.H.Beck. München. | **S. 50:** Cranach-Werkstatt: Erschaffung der Welt © akg-images | **S. 52:** Explosion © INFINITY/Adobe Stock | **S. 53:** Evolution © akg-images/De Agostini Picture Library | **S. 54:** CALVIN AND HOBBES © 1993 Watterson. Reprinted with permission of ANDREWS MCMEEL SYNDICATION. All rights reserved. | **S. 56:** © Die Ofenmacher e. V. | **S. 57:** www.climatefarming.com © Climate Farming | **S. 58:** Die Gesellschafter © Uwe Düttmann, Hamburg | **S. 61:** A21, Walk for Freedom © imago/ZUMA Press | Trauerflor © dpa | Papst Franziskus © imago/ZUMA Press | Illustrationen © Katrin Wolff | **S. 62:** Illustration © Katrin Wolff | **S. 64:** © Diakonie in Niedersachsen | **S. 65:** Bronzetafel © Wolfgang Meinhart, Hamburg | Rupert Neudeck © imago/Sven Simon | **S. 66:** © Simon Davis/DFID | **S. 67:** © imago/Xinhua | **S. 68:** © UNICEF | **S. 69:** Janusz Korczak © akg-images/Israel Talby | Schulhof © Meinert, Janusz-Korczak-Schule Voerde | **S. 70:** Fabio Geda: Im Meer schwimmen Krokodile. Eine wahre Geschichte, München ¹⁴2012 © btb Verlag, Random House | **S. 71/72/74/75/76:** Tahar Ben Jelloun: Papa, was ist ein Fremder? Gespräch mit meiner Tocher, S. 28, 14, 93, 46, 65, 89, 96, Illustrationen von Charley Case © Charley Case | **S. 73:** Tunnel © Hikrcn/Adobe Stock | Gefesselt © Anankkml/Adobe Stock | Human Rights © Nito/Adobe Stock | **S. 74:** Wegweiser © K.-U. Häßler/Adobe Stock | **S. 75:** Notiz © Kamasigns/Adobe Stock | Junge © Yvonne Bogdanski/Adobe Stock | **S. 77:** Sieger Köder, Propheten – Gottes Rufer © Sieger Köder-Stiftung Kunst und Bibel, Ellwangen | **S. 78:** Tattoo, Justin Bieber © dpa | Justin Bieber © imago/Hindustan Times | Illustration © Katrin Wolff | **S. 79:** Jesus hat viele Anhänger © Ev.-meth. Kirche Delmenhorst | Krippenset © Steffen Marklein/rpi-loccum | Die Doofen © SMPG Publishing (Germany) GmbH, Berlin | Jesuskerzen © dpa | Kruzifix © Devonx/Shutterstock | Illustration © Katrin Wolff | **S. 80:** Christus, Mosaik © akg-images/Erich Lessing | **S. 81:** Karte © Rebecca Meyer | **S. 82:** Photo: © Jörgens.Mi/Wikipedia, Licence: CC-BY-SA 3.0 (URL: http://creativecommons.org/licenses/by/3.0/legalcode), Source: Wikimedia Commons (URL: https://commons.wikimedia.org/wiki/File:Die_neue_Freiburger_Synagoge_4647.jpg) | **S. 83:** © Eli/Wikimedia Commons | **S. 84:** Karte © Miriam Koch | Illustration © Katrin Wolff | **S. 86:** Zerstörtes Kinderzimmer der Familia Dordona in Gaza © Heinrich Völkel/OSTKREUZ | **S. 87:** Illustrationen © Katrin Wolff | **S. 89:** »Das Mahl« aus dem Misereor-Hungertuch »Hoffnung den Ausgegrenzten« von Sieger Köder © MVG Medienproduktion, 1996 | **S. 90:** Brot und Fische © Anneke/Adobe Stock | Illustration © Katrin Wolff | **S. 91:** Brot für die Welt Aktion 5000 Brote, Quelle: Brot für die Welt | **S. 92/93:** Nicholas Allan: Jesus' Day Off, London 1999 © Random House UK | **S. 94:** Meine Schulbibel, Illustrationen von Silke Rehberg, Kevelaer 2003, S. 105 © Silke Rehberg/Cornelsen | Jesus, Pantokrator von Cefalu © Gun Powder Ma/Wikimedia Commons | Georges Rouault, Ecce homo © VG Bild-Kunst, Bonn 2017 | **S. 95:** Statue © kameramann/Adobe Stock | Emil Nolde, Heilige Nacht © Nolde Stiftung Seebüll | Madonna del Magnificat, Battista da Vicenza © akg-images/Cameraphoto | **S. 96:** Brot © Kucherav/Adobe Stock | Wald © eyetronic/Adobe Stock | Weintrauben © by-studio/Adobe Stock | **S. 97:** Jesus ist © Campus für Christus, Schweiz | **S. 98:** Himmel © Roman Sakhno/Shutterstock | Gott hält die Welt © Gino Santa Maria/Shutterstock | **S. 99:** Katy Perry © Eva Rinaldi | Lucio präsentiert den Pokal © imago/Team 2 | **S. 100:** Erde m. Herz u. Erde m. Fragezeichen: Helmut Hanisch: Die zeichnerische Entwicklung des Gottesbildes bei Kindern und Jugendlichen, Stuttgart 1996 | Alter Mann auf Wolke: www.die-bibel-lebt.de/gbild.htm | Erde m. Person: spaeher.berg-odangau.

de/2016/06/16/mit-kindern-zum-thema-gottesbildern-arbeiten/| **S. 101:** © Photographerstudio/Shutterstock | **S. 102:** Poseidon Statue © ARENA Creative/Shutterstock | **S. 103:** © Ammit Jack/Shutterstock | **S. 104:** Sieger Köder, Elias am Horeb © Sieger Köder-Stiftung Kunst und Bibel, Ellwangen | **S. 105:** Horeb 2 (Eliah in the storm) © Otto de Bruijne | Christel Holl, Gott geht vorüber, Bildermappe RPP 3/2014, © RPA Verlag, www.rpa-verlag.de | **S. 107:** © detailblick-foto/Adobe Stock | **S. 108:** ©kevron2001/Adobe Stock | **S. 109:** Jesus und die gekrümmte Frau, leineweberdesign.wordpress.com © Marion Leineweber | **S. 110:** Mädchen vor Grab © Firma V/Shutterstock | Trümmer nach einem Erdbeben, Japan 2011 © imago/Kyodo News | Kinder im Müll © imago/Michael Westermann | Kind an einem Wasserloch © dpa – Fotoreport | **S. 111:** © Evangelisches Medienhaus | **S. 112:** © Ehrlif/Shutterstock | **S. 113:** © Pavel L Photo and Video/Shutterstock | **S. 114:** Kirche aus Menschen © tai111/Adobe Stock | Engelsflügel © Nikki Zalewski/Adobe Stock | Betendes Kind © Mizina/Adobe Stock | Familie © drubig-photo/Adobe Stock | Hunde © DoraZett/Adobe Stock | **S. 115:** Engel in der Löwengrube © Selina Junghans | Daniel und die Löwengrube © Maja Olkiewicz | **S. 116:** Religramme. Gesichter der Religionen. Eine interaktive Wanderausstellung, hg. v. Haus kirchlicher Dienste der Ev.-luth. Landeskirche Hannovers, Hannover 2016, Fotos: Patrice Kunte | **S. 117:** Illustrationen © Katrin Wolff | **S. 118:** Marc Chagall, Mose vor dem brennenden Dornbusch © VG Bild-Kunst, Bonn 2017 | **S. 119:** © TTstudio/Adobe Stock | **S. 121:** https://www.adeo-verlag.de/index.php?id=details&sku=5574003, Titelmotiv des Textkartensets: Heiliger Rasen. 25 Karten für selige Fußballfans. Creative Direction Eva Jung. © 2010 by adeo in der Gerth Medien GmbH, Asslar, Bestell-Nr. 5574003 | Illustrationen © Katrin Wolff | **S. 122/123:** Illustrationen © Katrin Wolff | **S. 123:** Priester © amid999/Panthermedia | Pastorin © Graphiqa/Panthermedia | **S. 124:** Synagoge © Roxana/Colourbox | Illustrationen © Katrin Wolff | **S. 125:** Moschee © Stefan Bürig-Heinze | Illustrationen © Katrin Wolff | **S. 126:** © Evangelische Kirche in Deutschland (EKD), www.sonntagsruhe.de/material/downloads.html | **S. 127:** Chanukka-Leuchter © dpa | Geburtstagsfeier Muhammad © imago/Pacific Press Agency | **S. 128:** © 103II/Wikimedia Commons | **S. 129:** Kinder © dpa | Illustration © Katrin Wolff | **S. 130:** Kalenderblatt © stockWERK/Adobe Stock | Kerzen © Antic/Adobe Stock | Mädchen © nastya_gepp/Pixabay | Junge © Pexels/Pixabay | **S. 131:** Albert Schweitzer u. Maximilian Kolbe: © bpk | **S. 132:** Konfirmation © imago/epd | Firmung © imago/Becker&Bredel | **S. 133:** Bat Mizwa © imago/CTK Photo | Illustrationen © Katrin Wolff | **S. 134:** Illustrationen © Katrin Wolff | **S. 135:** Ultima Thule © Michal Karcz | **S. 136:** Non-Violence-Skulptur, New York © ZhengZhou | Waterhole © Adrian Chesterman | **S. 137:** Candyland © Natykach Nataliia/Shutterstock | Essen © Daisy Daisy/Shutterstock | **S. 138:** © akg-images/De Agostini Picture Lib. | **S. 139:** Baum © Lassedesignen/Adobe Stock | X-Men Apocalypse. Zeit der Apokalypse. Band 1 © 2017 Marvel Characters, Inc. | **S. 140:** Apokalyptische Landschaft © Zastolskiy Victor/Shutterstock | Müll © MOHAMED ABDULRAHEEM/Shutterstock | **S. 141:** BR-Grafik/Anna Hunger; in Lizenz der BRmedia Service GmbH | Wegweiser © Sir_Oliver/Adobe Stock | **S. 142:** The Hobbit Smaug & Bilbo © Thomas Boatwright | **S. 143:** Illustration © Katrin Wolff | **S. 144:** Idea: SOS Children's Villages Norway and Släger Communication, Production/photo: Pure Content | **S. 145:** Kindergottesdienst Meißenheim © Evangelische Kirchengemeinden Meissenheim und Kuerzell | **S. 146:** Die Sternsinger, Plakat © Kindermissionswerk ›Die Sternsinger‹/Bettina Flitner | Die Sternsinger, Foto © Kindermissionswerk ›Die Sternsinger‹/Martin Steffen | **S. 147:** Plakat © Plant-for-the-Planet | **S. 148:** 3D-Männchen m. Marker © Seillingpix/Colourbox | **S. 149:** 3D-Männchen m. Plakat © fotomek/Adobe Stock | **S. 150:** 3D-Männchen m. Lupe © Maxx-Studio/Colourbox | 3D-Männchen m. Malutensilien © 3dmask/Colourbox | **S. 151:** 3D-Männchen m. Zahnrädern u. Masken © fotomek/Adobe Stock | **S. 152:** Bibelseite: Lutherbibel, revidierter Text 1984, durchgesehene Ausgabe, © 1999 Deutsche Bibelgesellschaft, Stuttgart